市政公用工程建造新技术丛书

隧道三维激光扫描技术与工程实践

孔 恒 鲍 艳 郭 飞 张丽丽 著

中国建筑工业出版社

图书在版编目（CIP）数据

隧道三维激光扫描技术与工程实践/孔恒等著．—北京：中国建筑工业出版社，2023.5
（市政公用工程建造新技术丛书）
ISBN 978-7-112-28595-2

Ⅰ.①隧⋯ Ⅱ.①孔⋯ Ⅲ.①隧道工程-三维-激光扫描 Ⅳ.①U45

中国国家版本馆 CIP 数据核字（2023）第 057264 号

  三维激光扫描技术是测绘领域出现的新技术，其利用激光测距的原理记录物体表面密集的点的三维坐标、反射率和纹理等信息。与目前的测量手段相比，具有快速、全面、非接触、高效率、无光线要求等优点。特别是在隧道检测中，由于隧道自身结构特点与现场条件的限制，利用三维激光扫描进行检测优势极其明显。本书从隧道扫描方案的制定、点云数据的处理分别进行了研究，并以实际的隧道为工程实例，分别进行了隧道监控量测相关要素的算法研究和实例验证。

责任编辑：刘颖超 李静伟 段 宁
责任校对：刘梦然

市政公用工程建造新技术丛书
隧道三维激光扫描技术与工程实践
孔 恒 鲍 艳 郭 飞 张丽丽 著
*
中国建筑工业出版社出版、发行（北京海淀三里河路 9 号）
各地新华书店、建筑书店经销
北京龙达新润科技有限公司制版
河北鹏润印刷有限公司印刷
*

开本：787 毫米×1092 毫米 1/16 印张：10 字数：236 千字
2023 年 12 月第一版 2023 年 12 月第一次印刷
定价：**58.00 元**
ISBN 978-7-112-28595-2
（40810）

版权所有 翻印必究
如有内容及印装质量问题，请联系本社读者服务中心退换
电话：(010) 58337283 QQ：2885381756
（地址：北京海淀三里河路 9 号中国建筑工业出版社 604 室 邮政编码：100037）

前 言

随着社会经济的快速发展和人们生活水平的提高，城市人口日益增长，导致交通压力上升，轨道交通成为解决城市交通问题的主要形式。近些年来，中国轨道交通建设规模和速度取得了举世瞩目的成就。

作为城市轨道交通的重要组成部分，隧道工程与其他建设工程相比，具有基坑深、结构断面大、支护结构体系受力复杂、施工工法多样、施工和管理主体单位多等特点，加之工程地质条件及周边环境条件复杂、隐蔽工程多、不确定性因素多等问题，工程安全隐患较大。

目前现有的隧道测量方法主要是利用断面仪或全站仪等常规仪器逐个断面单点进行测量，将两期测量结果对比或者测量值与设计值对比，检核隧道变形，指导施工和竣工验收。现有的测量方法虽然精度高，结果较为准确，但是仍具有监测断面点离散、实测断面数量有限、精度受光线影响较大等缺陷。由于隧道检测工作量极大，隧道内检测环境较差，极易发生漏检；加之检测方式多为抽样检测等原因，其结果难以满足现今全面检测及智能化检测的要求。由此可以看出，现有测量方式无论是在测量速度上、区域性上，还是在内业数据处理上都不能满足地铁隧道快速建设的需要。

三维激光扫描技术是测绘领域出现的新技术，其利用激光测距原理记录物体表面密集点的三维坐标、反射率和纹理等信息。与目前的测量手段相比，具有快速、全面、非接触、无光线要求等优点。特别是在隧道检测中，由于隧道自身结构特点与现场条件的限制，利用三维激光扫描进行检测优势极其明显。在无光线、狭窄的隧道内利用三维激光扫描仪可以获取隧道结构全方位的密集点云数据，通过数据预处理并开发相应的算法可以实现隧道结构精密测量，也可以同时检测管片拼装质量、渗漏水等。三维激光扫描技术作为全新的现代信息测量技术，为实现地下交通工程检测及管理的智能化、信息化提供支撑。

根据不同工程案例的数据情况以及研究工作的积累、深入，本书开展了隧道结构断面精密测量及健康诊断的相关科研工作。以某试验隧道为例，采用不同方式进行数据预处理，结果显示拼接精度由高到低的拼接方式依次为：基于控制点拼接、基于球形标靶拼接、基于平面标靶拼接，分析了基于控制点进行拼接精度最高的原因；基于改进的双向投影法，引入面缓冲区、最佳面缓冲区厚度实现了曲线隧道中轴线与断面点集的提取；基于Geomagic和Cloudcompare点云数据信息处理软件进行曲线隧道建模及变形分析。以北京地铁8号线三期竣工工程为工程实例，基于改进的点云法向量提取盾构隧道、马蹄形断面隧道的空间姿态信息以及断面；通过盾构隧道断面点云数据是否存在点云突变、相邻两个环数轴向的点云数据是否存在突变，分析、计算盾构管片任意位置的环内错台量和环间量。以北京地铁新机场线一期工程某竣工的盾构区间为工程实例，结合随机原理与最小平方中值法，并用莱特准则优化椭圆拟合的算法，对隧道断面椭圆度等相关参数进行了分析；采用空间定向 K-近邻的计算方法求出通过隧道顶点、底点的点云法向量和平面方程，结合最小二乘法求出隧道中轴线的平面位置和高程；基于水对近红外光线的吸收系数较高、渗漏水区域的强度值低于背景的特点，结合三维激光扫描技术获取的反射率信息，基于图像处理算法，自动识别出隧道表面渗漏水位置，实现了对隧道结构健康的进一步诊断。以北京地铁 16 号线某盾构区间段为工程实例，基于空间切割理论提取隧道断面，该方法简单、高效且对于计算机配置也没有任何要求。

北京地铁新机场线一期工程某盾构区间段、北京地铁 8 号线三期竣工工程、北京地铁 16 号线某盾构区间段、某试验隧道等各参建单位提供了基础资料，特别是北京市政建设集团有限责任公司无私提供了宝贵的资料。在本书写作的过程中，作者还参考了有关单位和学者的研究成果，在此一并表示感谢。

本书由孔恒、鲍艳、郭飞、张丽丽著，王博群、王风杰、KIM IL BOM、艾中亮、王莹莹、李贺、高胜雷、王凯丽、吴旭、张东亮、谢新甜、严桂凤、钟瑞芹、田小孟、鲍逸玮等也参加了本书的编写工作。

由于隧道三维激光扫描技术与工程实践还有待于进一步完善，此研究结果仅供同行参考，加之作者水平及认识有限，书中难免有不当之处，热忱欢迎各界同行批评指正。

作者
2022 年 12 月

目 录

1 绪 论 1
  1.1 研究背景 1
    1.1.1 地铁隧道关键信息量测分析 1
    1.1.2 三维激光扫描技术的特点 4
  1.2 国内外研究现状 6
    1.2.1 数据采集 6
    1.2.2 数据拼接 6
    1.2.3 隧道断面信息提取 7
  1.3 当前研究存在的不足 10
  1.4 主要内容 10
  参考文献 11

2 点云数据采集 16
  2.1 三维激光扫描技术 16
    2.1.1 基本原理 16
    2.1.2 扫描特点 16
  2.2 扫描方案 17
    2.2.1 测站间距 17
    2.2.2 扫描分辨率 18
    2.2.3 扫描时间 21
  2.3 工程案例 22
    2.3.1 案例一 22
    2.3.2 案例二 28
    2.3.3 案例三 31
    2.3.4 案例四 32
  2.4 小结 36
  参考文献 36

3 点云数据预处理 38
3.1 点云数据拼接原理 38
3.1.1 基于点信息拼接法 38
3.1.2 七参数转换法 38
3.1.3 坐标转化拼接法 39
3.2 地铁隧道点云数据的拼接 40
3.3 点云数据的去噪 41
3.4 点云数据的简化 42
3.5 数据预处理及结果 43
3.5.1 数据预处理 43
3.5.2 拼接结果 45
3.5.3 结果分析 47
3.6 小结 48
参考文献 49

4 地铁隧道断面提取 50
4.1 隧道空间姿态信息 50
4.1.1 快速提取隧道断面的重要性 50
4.1.2 空间姿态信息常用提取方法 50
4.2 基于双向投影法的曲线隧道中轴线与断面点集提取 53
4.2.1 RANSAC 算法 53
4.2.2 基于双向投影法提取曲线隧道中轴线 55
4.2.3 曲线隧道横断面点集的提取 58
4.2.4 曲线隧道横断面提取 60
4.3 基于点云法向量提取空间姿态信息及断面 64
4.3.1 空间姿态信息提取 64
4.3.2 断面提取 68
4.4 基于空间切割理论提取隧道断面 73
4.4.1 空间切割理论 73
4.4.2 隧道点云数据坐标的转换 74
4.4.3 隧道断面的提取 75
4.4.4 隧道横断面点云数据的提取 75
4.5 小结 81
参考文献 82

5 盾构隧道断面椭圆拟合及关键参数分析 ... 83

5.1 最小二乘法拟合断面 ... 83
5.2 最小平方中值法拟合断面 ... 84
5.2.1 结合随机原理与最小平方中值法 ... 84
5.2.2 莱特准则优化椭圆拟合算法 ... 85
5.2.3 算法模拟测试 ... 86
5.3 隧道中心点坐标及椭圆度分析 ... 88
5.3.1 隧道中心点坐标分析 ... 88
5.3.2 隧道衬砌椭圆度分析 ... 97
5.4 小结 ... 98
参考文献 ... 99

6 隧道断面关键信息挖掘 ... 100

6.1 盾构隧道断面关键信息分析 ... 100
6.1.1 断面坐标对比 ... 100
6.1.2 盾构隧道衬砌管片错台分析 ... 101
6.2 矿山法隧道断面关键信息挖掘 ... 105
6.2.1 隧道坐标对比 ... 105
6.2.2 隧道超欠挖分析 ... 106
6.3 工程应用 ... 107
6.3.1 断面坐标对比分析 ... 107
6.3.2 隧道衬砌错台分析 ... 107
6.4 矿山法隧道量测分析 ... 119
6.4.1 隧道坐标对比 ... 119
6.4.2 隧道超欠挖分析 ... 122
6.5 小结 ... 122

7 盾构隧道渗漏水快速检测方法 ... 124

7.1 竣工盾构隧道灰度图的生成 ... 124
7.1.1 反射强度信息修正 ... 124
7.1.2 点云展开 ... 125
7.1.3 栅格化 ... 125
7.2 识别与统计 ... 126
7.2.1 图像二值化 ... 126
7.2.2 图像去噪 ... 126

7.2.3	渗漏水区域识别与统计	128
7.3	工程应用	128
7.3.1	试验场地概况	128
7.3.2	隧道衬砌灰度图	128
7.4	小结	132
参考文献		133

8 隧道变形监测的应用研究 ········· 134

- 8.1 基于 MDP 算法断面的变形监测 ········· 134
  - 8.1.1 基于 MDP 算法断面的变形计算 ········· 134
  - 8.1.2 变形噪点信号的删除 ········· 135
- 8.2 点云数据处理软件对曲线隧道建模进行变形分析 ········· 136
  - 8.2.1 Geomagic Quality 隧道建模处理软件 ········· 136
  - 8.2.2 CloudCompare 隧道建模处理软件 ········· 137
- 8.3 隧道变形监测分析 ········· 138
  - 8.3.1 曲线隧道的断面变形监测分析 ········· 138
  - 8.3.2 隧道的整体变形分析 ········· 140
  - 8.3.3 与传统收敛监测方法的对比 ········· 144
  - 8.3.4 精度评定 ········· 145
- 8.4 小结 ········· 147
- 参考文献 ········· 147

9 总结与展望 ········· 148

- 9.1 总结 ········· 148
- 9.2 进一步工作及展望 ········· 149

1 绪 论

1.1 研究背景

为解决城市化进程中带来的交通堵塞现象,近年来我国在基础设施建设方面大力投入,全国各大型城市都加快以地铁、轻轨为主的快速、大运量的交通方式规划和建设。截至2021年,中国有50个城市拥有地铁,总里程达到7253.73km[1]。

地铁作为百年工程,投资大、施工复杂、施工工期长,其施工、竣工和运维期间的质量要求都非常严格。因此,在隧道全生命周期过程中,必须进行隧道结构监测和检测,方能指导施工工作,进行隧道竣工验收,为地铁安全运营保驾护航。

作为城市轨道交通的重要组成部分,隧道工程与其他建设工程相比,具有基坑深、结构断面大、支护结构体系受力复杂、施工工法多样、施工和管理主体单位多等特点,加之工程地质条件及周边环境条件复杂、隐蔽工程多、不确定性因素多等问题,工程安全隐患较大。在隧道施工期间岩土等介质的力学行为时刻在变化,很难全面地了解地质情况,极有可能会给施工人员造成生命安全问题。为了解决施工安全问题,需要对施工工程进行实时监测,工程师可以根据测量结果评价隧道结构的安全状态,并及时调整设计参数[2];在隧道运营期间,为了了解运营状况是否良好也需要对隧道进行变形监测。形变值在安全限差值范围内时属于正常现象,一旦超过了安全限差值就会扰乱其正常工作,甚至造成灾难。例如,2008年杭州修建地铁时,由于施工时没有及时监测变形,诱发地面大面积塌陷,造成10人严重受伤、4人失踪、17人丧生。隧道的安全问题必须引起足够重视,否则将给整个交通系统埋下严重的隐患。所以,监测隧道的重要监测点变化及整体情况,对保证隧道工程安全具有重要意义。

1.1.1 地铁隧道关键信息量测分析

隧道工程的常用开挖方法有明挖法、矿山法和盾构法。明挖法施工速度快、施工质量可靠[3],但施工过程需要封堵路面,因此会长期影响该区域路面交通,并且拆迁量也较大。矿山法是一种暗挖式施工方式,不会影响地面正常交通,并且地表下沉量较小,在硬岩层中尤其适用[4],但矿山法施工又存在安全系数低、施工作业人员多等缺点,容易发生隧道坍塌事故[5]。盾构法作为另一种暗挖式施工方式,其施工具有较高的自动化程度,施工中一次成洞且可以控制地面沉降,能够适用于多种复杂的工程地质条件;并且不受自然气候的影响,施工速度快,对地面建筑物的影响较小,在水下开挖时也不会影响水面交通,因此在隧道施工中具有越来越广泛的应用[6]。

1.1.1.1 隧道轴线平面位置和高程

成型盾构隧道验收时,《盾构法隧道施工及验收规范》[7] GB 50446—2017要求,如

表 1-1 所示。

成型盾构隧道验收要求　　　　　　　　　　　　　　　　表 1-1

章节	验收内容	检验数量	检验方法
16.0.1	结构表面无缺棱掉角、管片接缝应符合设计要求	全数检验	人工观测
16.0.2	必须进行隧道轴线平面位置和高程偏差的测量	10 环	全站仪、水准仪
16.0.3	衬砌结构严禁侵入建筑限界	每 5 环 1 次	全站仪、水准仪
16.0.4	必须进行衬砌环椭圆度、衬砌环内错台、衬砌环间错台检测	10 环,4 点/环	断面仪、全站仪、尺量

盾构隧道作为地铁隧道工程中的一种重要组成部分，地铁隧道的轴线是地铁工程的生命线，需要在施工（管片拼装环节）和竣工过程中对盾构隧道进行轴线测量，用于检验成型隧道的空间位置以及断面尺寸与设计值存在的误差程度。轴线测量主要包括隧道轴线平面测量和高程测量，规范[7]中第9.3.4节规定：管片拼装过程中隧道轴线平面位置和高程允许偏差如表1-2所示；第16.0.3节规定成型隧道验收时隧道轴线平面位置和高程允许偏差如表1-3所示。

隧道轴线平面位置和高程允许偏差（管片拼装过程）　　　　　　表 1-2

检验项目	允许偏差						检验方法	检验数量	
	地铁隧道	公路隧道	铁路隧道	水工隧道	市政隧道	油气隧道		环数	点数
隧道轴线平面位置（mm）	±50	±75	±70	±100	±100	±100	用全站仪测中线	逐环	1 点/环
隧道轴线高程（mm）	±50	±75	±70	±100	±100（隧道底高程）	±100	用水准仪测高程	逐环	

隧道轴线平面位置和高程允许偏差（成型隧道验收时）　　　　　　表 1-3

检验项目	允许偏差						检验方法	检验数量
	地铁隧道	公路隧道	铁路隧道	水工隧道	市政隧道	油气隧道		
隧道轴线平面位置（mm）	±100	±150	±120	±150	±150	±150	用全站仪测中线	10 环
隧道轴线高程（mm）	±100	±150	±120	±150	±150	±150	用水准仪测高程	10 环

1.1.1.2　管片拼装检测

混凝土预制管片是盾构隧道的主要结构构件，由盾构机提供推力使得管片拼装成环。隧道内相邻的两个管片产生相对位移的现象称为管片错台，主要分为环间错台和环内错台。

管片错台位置处往往会导致管片的破损开裂，进而导致密封的止水带受到一定的损害，发生渗水和漏水现象。隧道管片错台检测不仅是隧道施工过程、竣工验收的重要部分，也是隧道运维期间变形监测的重要内容，贯穿地铁隧道的全生命周期。因此，对盾构地铁隧道进行高效地管片错台检测具有重要的工程应用意义。错台检测主要是规范[7]中第9.3.5节规定管片拼装时管片错台允许偏差和第16.0.5节规定成型隧道验收的允许偏差如表1-4所示。

成型隧道验收的允许偏差　　　　　　　　　　　　　　　表1-4

检验项目	管片拼装允许偏差						检验方法	检验数量	
	地铁隧道	公路隧道	铁路隧道	水工隧道	市政隧道	油气隧道		环数	点数
衬砌环椭圆度(‰)	±5	±6	±6	±8	±5	±6	断面仪、全站仪测量	每10环	—
衬砌环内错台(mm)	5	6	6	8	5	8	尺量	逐环	4点/环
衬砌环间错台(mm)	6	7	7	9	6	9	尺量	逐环	
检验项目	竣工验收允许偏差						检验方法	检验数量	
	地铁隧道	公路隧道	铁路隧道	水工隧道	市政隧道	油气隧道			
衬砌环椭圆度(‰)	±6	±8	±6	±10	±8	±8	断面仪、全站仪测量	10环	—
衬砌环内错台(mm)	10	12	12	15	15	15	尺量	10环	4点/环
衬砌环间错台(mm)	15	17	17	20	20	20	尺量	10环	

目前的隧道测量方法主要是利用断面仪或全站仪等常规仪器逐个断面逐点进行测量，将两期测量结果对比或者将测量值与设计值进行对比，检核隧道变形，指导施工和竣工验收，目前的测量方法，受光线影响、劳动强度大、并且在测量规范中对测量断面的间距有明确要求，如《城市轨道交通工程测量规范》GB/T 50308—2017中要求：直线段每6m、曲线段每5m测量一个横断面和底板高程，结构横断面变化段和施工偏差较大段应加测断面[10]。除此之外，也有测量机器人与编程计算器配套使用来获取隧道断面[11]，也可以通过控制软件进行断面测量[12]，如TM隧道断面测量系统[13]、TPSPRO断面测量系统[14]。尽管这些技术精度较高，能达到毫米级，结果较为准确，但是也存在多方面的缺陷，比如：监测断面为离散点、实测断面数量有限、

精度受光线影响较大等。这些离散断面测量的方法只能反映隧道的局部特征，无法全面反映隧道整体情况[15]，且内业数据处理繁琐、效率低[16]。如果要对隧道整体进行监测，则需要增加监测点数量，必然会延长测量周期、增加工作量、加大费用支出。目前的测量方式无论是在测量速度上、区域性上，还是在内业数据处理上都不能满足地铁隧道快速建设、安全运营的需要。

因此，迫切需要探索高精度、高效率、非接触式对地铁隧道进行全线、任意全断面的三维测量工作模式和方法，而三维激光扫描技术（又被称为实景复制技术）的出现为此研究提供了新方法和新平台。

1.1.2 三维激光扫描技术的特点

三维激光扫描技术通过激光测距的方式采集被测物体表面的三维坐标，是随空间点阵扫描技术和激光无反射棱镜长距离快速测距技术发展而产生的一项新测绘技术，包括机载（Airborne Laser Scanner，ALS）和地面（Terrestrial Laser Scanner，TLS）两种扫描方式。该技术可以克服常规方法进行单点测量的缺陷，较为全面地获取被测物体的整体数据。三维激光扫描技术具有以下特点：快速扫描（可根据精度自由设置扫描时间范围）、非接触测量、扫描期间无光线要求、无需或较少布设控制点和观测点，可大幅度地提高工作效率；并且可以直接获取物体表面每个采样点的空间三维坐标，实现了由单点测绘到整体测量的跨越。通过对多次测量的点云数据进行分析处理，可以得出隧道任意断面的变形情况，很大程度上提高了监测效率。

常见的三维激光扫描仪品牌有徕卡、Trimble、Faroe、Regil 等，徕卡 ScanStation P40 三维激光扫描仪如图 1-1 所示，扫描工作原理主要由三部分组成，分别是扫描头、控制器、计算机，如图 1-2 所示。

图 1-1 徕卡 ScanStation P40 三维激光扫描仪

与全站仪、二维断面仪等传统测量仪器相比，三维激光扫描仪具有测量速度快、点密

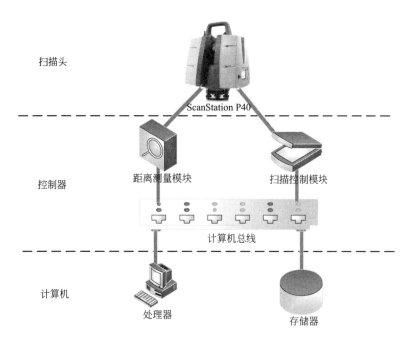

图 1-2 扫描仪测量的工作原理

度大、距离远、数据处理结果多样化的优点。三维激光扫描仪可以在短短几秒内获得 100 多万个点的三维坐标,测量距离可达 500m,对于远距离的扫描对象,获取其三维坐标数据的时间也很短,并且能还原测量物体的真实场景。全站仪、二维断面仪、三维激光扫描仪测量隧道的主要项目对比结果如表 1-5 所示。

三维激光扫描技术与传统测量仪器对比   表 1-5

项目	全站仪	二维断面仪	三维激光扫描仪
每站测量速度	>7min	>7min	<5min
每个断面点密度	5~8 个点	20~50 个点	>200 个点
每站测量断面个数	1 个	1 个	>10 个
断面测量间距	约 5m	任意位置	任意位置
每站成果	5~8 个监测点	1 个断面图	任意间距的多个断面图

地铁隧道测量数据作为指导地铁施工、竣工验收、日后运营维护的基础数据,其测量数据的准确性对隧道全生命周期的任一阶段都至关重要。使用三维激光扫描进行隧道断面测量,优势极其明显:通过对点云数据进行处理,可以截取地铁隧道全线任意横断面,并随时查看不同时期实测断面之间的变化情况,这一优势将对研究掌握隧道全线任意断面的工况并建立隧道断面测量系统具有深远意义。更重要的是,在大数据时代中,三维激光扫描技术可作为新一代信息测量技术为实现城市基础设施的信息化建设提供支撑。三维激光扫描技术的出现大大提高了监测效率和时空上整体监测与分析的能力,对研究掌握其整体

变形发展规律并建立预警系统具有重要意义。

1.2 国内外研究现状

扫描仪获取的原始数据，又称点云数据。由于地铁隧道空间狭窄、超长线性的结构特点对扫描仪扫描方案的制定不利，根据扫描精度要求不同，每站获取点云数据量也不同，少则几百兆，多则1~2GB，海量点云数据的采集和处理是国内外学者关注的热点，而点云数据处理更是热点中的难点。

三维激光扫描技术应用于隧道有三个关键问题：（1）数据采集；（2）数据拼接；（3）信息提取。

1.2.1 数据采集

隧道工作环境较差，要针对不同环境制订合理的现场扫描方案，既要保证采集效率，又要保证数据的准确性。为了获取高质量的点云数据，需要研究扫描参数的取值范围，但是不同的扫描参数适用于不同类型的隧道，同时扫描参数和扫描时间有一定的关系。在数据采集方面，谢雄耀[15]详细介绍了测站间距与隧道内径的关系，同时给出了最佳扫描分辨率的选取依据，建议将直线形隧道的测站间距设为1~2倍的隧道内径；D. Delaloye[17]建议将测站间距设为隧道的内径值；李双[18]分析了影响隧道测量精度的因素，并根据这些因素制定了隧道扫描计划，使得扫描时间最少。

1.2.2 数据拼接

对于地面架站扫描模式，需要进行多站式扫描。多站式扫描需要进行两两配准（配准又称拼接），因此就会存在配准误差。多站点云数据进行配准，会存在误差传递和误差积累两种现象，导致最远处的误差最大，所以点云拼接是影响点云质量的一个关键环节。点云拼接主要有两种方法：基于点云拼接和基于标靶拼接，前者最具代表性的是 Besl 等提出的迭代最近点算法（ICP）[19-22]，该算法要求有较好的初始配准值，其计算量大、效率较低[23]，后来一些学者对这种拼接方法进行了改进[20,24-26]，虽然这种方法精度较高，但对于隧道这种特征点不明显的结构而言，精度不但不高而且工作量较大。后来随着科学技术的发展，出现了与扫描仪配套的标靶（标靶又分为平面形标靶和球形标靶），可以直接利用标靶进行拼接，方法是在两站之间的一些区域布设若干个球形或者平面标靶作为同名点，然后根据标靶实现相邻两站的拼接，所以这种方法的拼接精度依赖于标靶特征点提取的精度。托雷[27]提出全局配准方法——将隧道两端的标靶作为该区段内各测站点云数据共用的标靶进行拼接；侯东兴[28]等利用4个球形标靶的坐标进行拼接，将球心坐标作为评价拼接精度的唯一指标，通过试验结果证明该拼接方式可行；鲍艳等[29]从标靶类型、标靶数量及控制点三个角度进行隧道点云数据的拼接试验，通过分析拼接误差，建议在满足精度要求的情况下选择4个球形标靶进行拼接。

1.2.3 隧道断面信息提取

1.2.3.1 隧道断面提取及分析

三维激光扫描仪可以快速获取隧道断面的高密度点云数据，将其用于隧道全断面测量和变形检测越来越成为一种发展趋势。Kang Zhizhong[30] 提出了一种基于二次参数曲面拟合的插值算法连续提取地铁隧道断面。李友源[31] 基于激光点云提出一种自适应断面提取方法，避免了由于数据采集造成隧道点云密度不均匀、遮挡等不利情况。Wang Weixing[32] 采用 3D 不变矩提取隧道中心轴，进而提取隧道横断面。虞伟家[33] 提出一种利用高密度点云数据获取隧道高清正射影像图，结合传感器数据提取逐环断面点云数据的方法。王龙飞[34] 基于高程差异获得隧道拱顶点集拟合得到拱顶轴线，并将该轴线方向作为横断面的法向，实现断面的截取。托雷[35] 等基于双向投影法，通过随机采样一致性算法和最小平差算法提取地铁隧道中轴线。朱宁宁[36] 提出方位角最值搜索算法，提取由投影得到的边缘点来拟合隧道中轴线。李兵[37] 等通过投影的方式，利用单位圆极坐标相邻角度差来确定边界点，由随机采样一致性算法分别对直线段、缓和曲线及曲线段进行中轴线的自动提取。纪思源[38] 等提出一种利用弦高偏移算法判断中轴线上的初始控制点及加密点是否为特征点，分段拟合中轴线的方法。但是这种方法提取隧道中轴线仅利用了隧道点云水平面投影边界点的信息，并未完全利用所有点云。谢雄耀[15] 等提出一种基于圆柱面拟合的隧道轴线提取方法，利用最小二乘法确定拟合圆柱的待定几何参数，则该段隧道的中轴线可以用拟合得到的圆柱面的中轴线来表示，但是该方法受点云的转动和平移影响。李双[18] 基于三维不变矩提取三维空间内的中轴线，但当隧道曲率较大、通透性不高的特殊情况下中轴线的提取精度也会受影响，之后王保前[39] 提出以投影式中轴线提取为基础，利用法向量提取中轴线。Puente 等[40] 基于隧道点云的法向量提取隧道横断面。但是这些方法计算时间较长，求取法向量时需要对原始点云进行抽稀处理，并没有充分利用原始高密度断面点云数据。

1.2.3.2 隧道断面椭圆拟合研究

通过大量的三维激光扫描数据描述隧道的整体情况，可以应用椭圆拟合方法拟合盾构隧道断面，监测任意里程、任意点和任意断面的变形。利用代数拟合法、几何拟合法或基于不变矩拟合法对断面进行椭圆拟合。

最初，椭圆拟合仅被当作一般曲线拟合问题的一部分被提出，解决方法是最小二乘法，该方法考虑测量数据会受到噪声点的影响，希望使得数据整体误差最小，但是不能确保拟合结果一定是椭圆，也有可能会是其他形状曲线。随着时代的发展，逐渐提出了新的椭圆拟合算法，如基于 Hough 变换及改进算法的椭圆检测算法、基于矩不变法以及卡尔曼滤波法。通过坐标转换将三维坐标转换为二维平面坐标，对要测量的隧道断面坐标进行平面椭圆拟合[48]。在平面坐标系下拟合椭圆，将代数拟合方法的优点与椭圆本身性质相结合，可以获得较为准确的椭圆参数，然后利用所得椭圆参数进行隧道断面变形分析，建立隧道断面椭圆拟合的数学模型。李维涛[49] 等利用断面椭圆拟合数学模型处理实测数据，并计算断面的椭圆特征参数，结果符合真实情况，同时将计算得到的椭圆长半轴、短半轴与现场人工测量得到的真值进行比较，误差结果均在 3mm 之内，满足实际工程的要求。为了进一步提高椭圆拟合精度，陈若珠[50]等在基于代数距离的最小二乘椭圆拟合算法的基础上进行改进，对点云进行编号并作归一化处理，通过归一化处理方法来提高该算法的稳定性。随机选取6个点进行椭圆拟合，并计算与拟合出的椭圆相匹配的点的个数，重复一定次数后，匹配点个数最多的椭圆即认为是最优椭圆，然后对最优椭圆所用的6个点进行坐标反归一化处理，计算椭圆特征参数。通过对试验数据进行拟合，验证了该改进算法的有效性，并且与原算法相比，拟合精度得到了提高。马向南等[51]提出一种用像素级边缘检测椭圆拟合的新算法，对最小二乘算法进行改进。首先，将符合要求的椭圆进行坐标转化；然后利用最小二乘法进行亚像素级的椭圆拟合；最后，求解出椭圆中心。在试验图形中，利用改进的像素级边缘检测算法显著地提高了椭圆拟合精度。应用最小二乘法进行椭圆拟合时，需要把所有的点都视为准确值，当用来拟合的点中出现较多的噪声点或者孤立点时，拟合结果误差较大。相比较而言，应用最小平方中值法拟合椭圆具有更好的稳健性，但这种方法的计算量大、计算时间较长，因此效率较低。针对最小平方中值法的缺点，陈明建[52]提出一种改进算法，首先使用最小平方中值法拟合椭圆，之后利用中位数方法剔除出孤立点，最后应用卡尔曼滤波法对拟合得到的椭圆参数进行修正，通过模拟试验以及工程实例证明了改进后的算法能够剔除出孤立点，并且拟合得到的结果与真值相比具有较小误差。赵兵帅等[53]提出对最小平方中值法的改进方法，增强了拟合结果的稳健性，可以分析并计算出隧道变形，并且模拟试验验证了该方法可以反映隧道断面精确的变形趋势。

1.2.3.3 隧道管片错台与接缝张开量分析

随着城市地铁的迅速发展，城市地铁安全运营事故频繁发生[54]。如，上海金山引水隧道，曾由于隧道曲率过大，导致管片张开量过大从而在隧道底部发生漏水漏砂；南京地铁2号线曾发生隧道道床上浮，最终导致列车停运故障；上海轨交1号线由于隧道顶部的碳纤维脱落，造成6h左右线路瘫痪。根据盾构隧道管片结构的特点，当错台过大时相应接缝处的张开也会越大，甚至导致混凝土掉块。隧道渗漏水的发生往往是管片错台和管片张开量同时作用的结果，通常隧道衬砌管片的防水性能随着接缝张开量和错台的增大而减小，部分学者研究现场检测管片错台发生的具体位置、错台控制技术、管片错台原因及防治措施[55]，或者从数值模拟的角度分析隧道管片接缝的应力和变形状态[56]。大多数学者都是通过数值模拟手段分析盾构隧道管片张开量，现场检测管片接缝处的张开量大小的相关研究甚少。王如路[57]、郑永来[58]等通过几何简易分析方法，指出隧道直径变化与管片张开量的相关性；部分学者通过商用软件模拟分析了盾构隧道施工方法[59]、既有纵缝错台[60]以及注浆因素[61]、列车荷载作用[62]对管片张开量的影响；目前现场检测管片错台的方法大多数是先目测错台发生的位置，然后运用卡尺、塞尺现场量测，拱顶需借助升降台车方能检测，而对于管片接缝处张开量的大小只能用游标卡尺进行抽检或者基于应变计进行测量[63]，效率和覆盖率极低。随着三维激光扫描技术这一非接触测量模式的出现，李倩文[64]等尝试利用三维激光扫描技术获得公路隧道顶部点云，利用仪器自带软件分析顶部管片的错台量；吴勇[65]等利用Amberg GRP5000 隧道全息影像动态系统中的灰度图像分析出管片错台量和错缝量；陈明安[66]等利用三维激光点云分析环内管片错台量；Cui Hao[67]基于移动激光扫描仪通过定位螺栓孔来间接检测隧道环接缝，以检测隧道环段的错位。

1.2.3.4 隧道渗漏水检测

由于盾构法隧道采用管片拼装式的施工方法，使其具有独特的多缝多孔的结构形式，这些接缝和孔洞成了盾构隧道防水的薄弱环节。隧道渗漏水检测传统方法是人工巡检的方法，通过肉眼判断隧道是否存在渗漏水，精度低、效率低。程姝菲等[79]根据混凝土渗水区域温度与导电性的变化，提出一种长期检测地铁隧道渗漏水检测方法，但该方法由于检测点数有限、无法获取渗漏水区的面积等缺点，不能够满足地铁隧道渗漏水检测要求。雪彦鹏等[80]利用地质雷达与水质检测确定了隧道结构背后渗漏水分布与成因，为渗漏水检测与处置提供参考。许献磊[81]等基于探地雷达技术，利用核匹配追踪算法提高隧道结构背后脱空及渗漏水病害检测精度，然后根据雷达回波的特征建立了病害属性划分标准。吴杭彬[82]、王烽人[83]、顾天雄[84]、豆海涛[85]等利用红外热像法进行了隧道渗漏水的检测，根据渗漏水区与干燥区域的温度差，在红外热像中识别渗漏水区域及计算其面积。红外热成像技术能对隧道中渗漏水区域进行识别，但无法准确识别渗漏水区域的位置，且获取的面积信息较为模糊。史增峰[86]使用架站式三维激光扫描仪结合 MATLAB 软件验证了其在隧道渗漏水中的应用可行性。吴勇[65]等使用移动式扫描仪 GRP5000 对运营中的隧道进行扫描测试，结合配套软件进行了隧道椭圆度、裂缝、渗漏水的识别和标注。吴昌睿、黄宏伟利用移动式三维激光扫描仪 GRP5000 扫描得到的点云图像，二值转化将点云转换为灰度图像，采用图像处理算法实现隧道渗漏水病害的自动识别和特征统计，可以得到渗漏水的位置和面积信息。Huang Hongwei[87]使用 MTI-200a 移动式三维激光扫描仪进行图像采集，利用 FCN 全卷积网络进行了裂缝和渗漏水的识别，识别结果优于常用的区域生长算法（RGA）和自适应阈值算法（ATA）。Zhao Shuai[88]利用卷积神经网络（Mask R-CNN）算法进行了隧道内泅湿区域的识别，结果表明计算时间略优于 FCN 算法。Ren Yupeng[89]使用全卷积网络和膨胀函数进行了隧道裂缝图像的识别，与其他卷积网络进行对比，结果优于现存的 CNN 网络计算结果。Xiong Leijin[90]提出了一种新的深度学习算法对隧道渗漏水进行识别，将新算法与已存在的 RGA、WA、Otsu 算法进行对比，结果表明，计算时间和精度优于现存的算法。高新闻[91]等研制了无人病害巡检车，并提出了基于 FCN 与视场柱面投影算法检测渗漏水面积，提高了隧道病害的检测精度。众多学者利用移动式三维激光扫描仪自动生成的图像来识别渗漏水，但该设备价格昂贵，尚未针对施工或者竣工前未铺轨的盾构隧道进行渗漏水检测。

1.2.3.5 隧道变形分析研究

众多学者对隧道变形进行大量研究，最常用的隧道变形分析是提取隧道的断面，然后进行断面分析提取变形信息。通过三维激光扫描技术可以获取高精度、高密度的隧道断面点云数据，与全站仪外业数据采集结果进行比较，证明了三维激光扫描技术在地铁隧道建设中应用的可能性[68]。基于断面分析变形运用最多的方法是最小距离投影算法——MDP算法[69]。由于算法提取的变形不能可视化，因此有学者提出基于隧道点云数据的三维建模算法。谢雄耀[15]等进行联合采用圆柱面拟合与椭圆拟合点云建模算法的研究，通过与全站仪做精度对比试验，结果表明地面三维激光扫描技术在隧道变形监测中具有一定的可靠性，相对于全站仪测量结果，点云数据获取的变形结果精度在 2mm 内。D. J. Seo

等[70]通过隧道二维建模方法的研究，利用二维模型提取隧道横断面点云的轮廓线，进而做变形分析，但二维建模算法研究的方法不能够发挥海量点云的优势，不能充分利用所有的点云。三角化网格法[71]是一种三维建模方法，已经在点云数据处理中得到了大量应用，Cloud compare 是基于三角网格的点云数据处理软件。S. Fekete[72]等应用三角化网格法对隧道点云数据进行建模，对隧道进行超欠挖分析。李健[73]等针对点云数据量大的特点，通过研究点云法向量差异的点云分割算法，成功对点云数据进行采样，建立隧道的三维模型并进行变形分析。此外，还有研究通过三次多项式插值的方法拟合曲面，对隧道点云数据建立三维模型，进而对比两期模型得出沉降值[74]。Rvan Gosligar[75]将隧道等效为圆柱形，将隧道点云数据拟合为三维规则格网，通过比较格网来测量隧道变形。史玉峰[76]等采用NURBS曲面理论方法设置调整控制顶点对隧道点云数据进行模型重建，通过两期数据模型的叠加分析，得出隧道断面图上的位移变化量。此外，在隧道竣工期间的竣工验收方面，凌静[77]等利用点云数据构建NURBS曲面模型，通过截取点云模型断面与设计断面进行比较，得出竣工测量的结果。尤相骏[78]通过提取断面、拟合椭圆，然后与设计断面进行对比分析从而得出隧道断面竣工情况。

1.3 当前研究存在的不足

目前所进行的相关研究尚存很多不足，主要反映在以下方面：

（1）在隧道狭长的特殊结构中采用设站式三维激光扫描技术，没有成熟、系统的扫描方案，无据可依，需要开展提高点云数据拼接精度的试验研究。

（2）设站式三维激光扫描获取点云数据存在大量冗余，后期数据分析、信息挖掘程度不够深入。

（3）对圆形盾构隧道直线段部分研究的多，对曲线、非圆形复杂隧道的研究甚少。

1.4 主要内容

本书对三维激光扫描技术在地铁隧道中的应用过程进行分析，通过具体的工程案例研究实现对隧道的精密测量及健康诊断健康诊断，具体研究内容分解如下：

（1）高质量点云数据的获取与预处理

根据三维激光扫描技术的特点和基本原理，制定其在隧道中的扫描方案，在数据采集之前，根据实际隧道内径和工程所需点云精度，确定测站间距和扫描分辨率、扫描时间三个影响因素。

基于点信息拼接法、七参数转换法、坐标转化拼接法三种方法的原理，对数据进行去噪、简化等预处理，精简有效的点云数据量。探讨不同拼接方式的拼接精度，以实现对点云数据的高质量拼接。

（2）隧道关键信息快速量测

①基于点云数据的断面提取算法研究。获取隧道不同里程的断面是隧道病害检测的基础，本书介绍了三种常用的断面信息提取方法，包括双向投影法、点云法向量、空间切割理论。不同类型的隧道采用不同的方法，通过实际案例应用不同方法进行隧道断面信息

提取。

②盾构隧道断面椭圆拟合。本书结合随机原理与最小平方中值法对提取的隧道断面进行椭圆拟合，并应用莱特准则优化该方法，将拟合得到的断面中心点坐标与设计值对比，通过分析实际工程与设计的偏差，验证该方法的可行性。

③隧道断面关键信息挖掘。阐述了盾构法量测分析和矿山法隧道量测分析，盾构法隧道量测分析的主要内容包括研究隧道坐标、错台分析、中轴线高程与平面位置，矿山法隧道量测分析主要内容包括隧道坐标对比及隧道超欠挖。

（3）隧道渗漏水快速检测

通过三维激光扫描点云采集隧道表面的三维坐标、反射率和纹理等信息，利用反射强度信息生成的灰度图像，开展隧道渗漏水的研究，以诊断隧道结构健康状况。

（4）隧道变形分析

通过断面叠加对比分析、常用点云处理软件等方法，开展隧道的时空变形监测分析研究。

本书依托北京城市轨道交通新机场线某期工程盾构区间段、北京地铁 8 号线三期工程等实际工程，以及处于大滑坡下某试验隧道进行了较全面地研究，采用架站式三维激光扫描仪采集点云数据，从数据采集方案、数据预处理、隧道断面提取、隧道断面关键信息挖掘、隧道表观病害识别、隧道变形等方面系统地、快速地、全方位、无盲区地诊断隧道结构状态。通过对 LiDAR 点云数据的研究，可截取地铁隧道全线、任意断面，随时查看实测断面与设计断面之间的对比分析，将对掌握隧道全线任意断面的工况、解释断面特征、监测隧道断面变形、辨识风险源、预判风险提供详实、可靠的数据。

随着云计算、大数据、人工智能、5G 时代的到来，计算机运算能力和训练数据得到了大幅提高，以人工智能中深度学习为代表的复杂模型应用于土木工程领域。LiDAR 作为新一代信息测量技术将为实现城市基础设施的智慧化提供支撑，将对地铁隧道建设及运营的各项体征进行全线、全断面监测、管理、预警和控制，从而提高城市运行效率和对灾害的处置能力，对于保护与合理开发城市地下空间资源具有重要意义。同时，相关的关键技术也将会使 LiDAR 适用于各种类型的复杂隧道、地下综合管廊等城市基础设施的施工和运营的安全监控。

参考文献

[1] 2021 年中国内地城市轨道交通线路汇总分析 [J]．现代城市轨道交通，2022（1）：126-127.
[2] Tunnelling and Tunnel Mechanics A Rational Approach to Tunnelling [J]．Springer Ebooks，2005.
[3] 蒋利明．盾构法与明挖法结合修建地铁车站施工方案研究 [D]．成都：西南交通大学，2010.
[4] 李晓峰．城市地铁隧道地下工程技术研究 [J]．技术与市场，2018，25（11）：99-100.
[5] 宫尚云，何世兴．浅谈公路隧道的施工技术 [J]．科学与财富，2014（5）：397-397.
[6] 张书丰．地铁盾构隧道施工期地表沉降监测研究 [D]．南京：河海大学，2004.
[7] 中华人民共和国住房和城乡建设部．盾构法隧道施工及验收规范：GB 50446—2017 [S]．北京：中国建筑工业出版社，2017.
[8] 徐成政．城市轨道交通隧道变形监测方法研究 [J]．居舍，2017（31）：147.
[9] 程效军，贾东峰，刘燕萍．基于中轴线的隧道点云去噪算法 [J]．同济大学学报：自然科学版，

2015（8）：121-127.

[10] 中华人民共和国住房和城乡建设部．城市轨道交通工程测量规范：GB/T 50308—2017［S］．北京：中国建筑工业出版社，2017.

[11] 许小松．全站仪配编程计算器进行隧道断面测量［J］．数字技术与应用，2010（11）：36.

[12] 黄茂华，谢义林．隧道收敛测量方法研究［J］．北京测绘，2009（4）：14-16.

[13] 陶坤，何小平．TM隧道断面测量系统在施工质量控制中的应用［J］．施工技术，2008，37（11）：73-76.

[14] 刘礼刚，秦想姣．徕卡TCRA1101全站仪在隧道断面测量中的应用［J］．山西建筑，2009，35（6）：356-357.

[15] 谢雄耀，卢晓智，田海洋．基于地面三维激光扫描技术的隧道全断面变形测量方法［J］．测绘通报，2016（2）：143-144.

[16] 郑德华，沈云中，刘春．三维激光扫描仪及其测量误差影响因素分析［J］．测绘工程，2005，14（2）：32-35.

[17] DELALOYE D. Development of a new methodology for measuring deformation in tunnels and shafts with terrestrial laser scanning (LIDAR) using elliptical fitting algorithms [D]. Kingston: Queen University, 2012.

[18] 李双．基于三维激光扫描技术的隧道连续断面提取及变形分析［D］．西安：长安大学，2015.

[19] 张瀚，高飞．一种点云配准新方法在隧道变形监测中的应用研究［J］．信息通信，2016（5）：21-23.

[20] CHEN Y, MEDIONI G. Object modeling by registration of multiple range images [C] // Proceedings. 1991 IEEE International Conference on Robotics and Automation. IEEE, 2002.

[21] ZHANG Z. Iterative point matching for registration of free-form curves and surfaces [J]. International Journal of Computer Vision, 1994, 13 (2): 119-152.

[22] BESL P J, MCKAY N D. A method for registration of 3-D shapes [J]. IEEE Transactions on Pattern Analysis & Machine Intelligence, 2002, 14 (2): 239-256.

[23] 谢秋平，于海洋，余鹏磊，等．地铁隧道三维激光扫描数据配准方法［J］．测绘科学，2015，40（6）：98-101.

[24] BERGEVIN R, SOUCY M, GAGNON H, et al. Towards a General Multi-View Registration Technique [C] //IEEE Trans. PAMI. 1996: 540-547.

[25] MITRA N J, GELFAND N, POTTMANN H, et al. Registration of point cloud data from a geometric optimization perspective [C] // Symposium on Geometry Processing, 2004.

[26] 鲍艳，王凤杰．陆基LiDAR扫描隧道的点云拼接精度［J］．黑龙江科技大学学报，2018，28（1）：107-112.

[27] ZHIZHONG K, LIQIANG Z, LEI T, et al. Continuous Extraction of Subway Tunnel Cross Sections Based on Terrestrial Point Clouds [J]. Remote Sensing, 2014, 6 (1): 857-879.

[28] 李友源，王健，李志远，等．基于激光点云的隧道断面自适应提取方法［J］．勘察科学技术，2019（5）：9-14.

[29] WANG W, CHEN W, WANG K, et al. Extraction of tunnel center line and cross-sections on fractional calculus, 3D invariant moments and best-fit ellipse [J]. Optics & Laser Technology, 2020, 128: 106-220.

[30] 虞伟家．基于移动三维激光扫描的盾构隧道断面提取与应用［J］．测绘通报，2019（S2）：200-206.

[31] 王龙飞，胡海峰，廉旭刚．全站扫描点云支持下的铁路隧道横断面快速提取及变形分析［J］．测

[32] 托雷,康志忠,谢远成,等.利用三维点云数据的地铁隧道断面连续截取方法研究[J].武汉大学学报(信息科学版),2013,38(2):171-175+185.

[33] 朱宁宁.三维激光扫描在地铁隧道形变监测中的应用[J].测绘工程,2015,24(5):63-68.

[34] 李兵,杨勇,吴英勇.基于点云数据的隧道中轴线自动提取方法研究[J].重庆建筑,2016,15(1):56-60.

[35] 纪思源,王同合,张国龙,李敏.基于激光扫描点云的隧道断面提取方法[J].测绘工程,2017,26(6):66-70.

[36] 王保前.融合反射值影像和卡尔曼滤波的三维点云全局拼接方法[D].北京:中国地质大学,2013.

[37] PUENTE I, AKINCI B, GONZÁLEZ-JORGE H, et al. Arias A semi-automated method for extracting vertical clearance and cross sections in tunnels using mobile LiDAR data Tunn. Undergr [J]. Space Technol, 2016, 59: 48-54.

[38] 沙丛术,刘绍堂.基于激光扫描技术的隧道变形分析方法[J].都市快轨交通,2013,26(6):88-91.

[39] 李维涛,黄帆,侯阳飞,等.三维激光扫描数据隧道断面椭圆拟合的数学模型探讨[J].工程勘察,2018,46(1):61-64.

[40] 陈若珠,孙岳.基于最小二乘法的椭圆拟合改进算法研究[J].工业仪表与自动化装置,2017(2):35-38+46.

[41] 马向南,李航,刘丽丽.最小二乘改进算法及其在椭圆拟合中的应用[J].河南科技大学学报(自然科学版),2014(3):18-21.

[42] 陈明建.卡尔曼滤波拟合椭圆在地铁隧道断面监测中的应用[J].市政技术,2015,33(4):56-58.

[43] 赵兵帅,黄腾,欧乐.基于椭圆拟合的隧道断面监测及其应用[J].水利与建筑工程学报,2013,11(1):130-133.

[44] 国内外城市地铁运营安全事故和故障实例[C]//2012地下隧道安全运营技术培训研讨会论文集,2012.

[45] 李岳.超大直径越江盾构隧道管片错台及渗漏影响研究.现代隧道技术.2018,55(4):42-46.

[46] SHI C H, CAO C Y, LEI M F, et al. Effects of lateral unloading on the mechanical and deformation performance of shield tunnel segment joints [J]. Tunnelling and Underground Space Technology, 2016, 51: 175-188.

[47] 王如路,张冬梅.超载作用下软土盾构隧道横向变形机理及控制指标研究[J].岩土工程学报,2013,35(6):1092-1101.

[48] 郑永来,韩文星,童琪华,等.软土地铁隧道纵向不均匀沉降导致的管片接头环缝开裂研究[J].岩石力学与工程学报,2005(24):4552-4558.

[49] 杨春山,莫海鸿,陈俊生,等.盾构隧道先隧后井工法对管片张开量影响的研究[J].岩石力学与工程学报,2014,33(S1):2870-2877.

[50] 李宇杰,何平,秦东平.盾构隧道管片纵缝错台的影响分析[J].工程力学,2012,29(11):277-282.

[51] 许倩倩,王媛.非均匀注浆盾构隧道管片纵缝错台量三维有限元分析[J].隧道建设,2013,33(7):567-572.

[52] 艾辉军.基于三维非连续接触模型的管片与接头结构力学特性研究[D].长沙:中南大学,2014.

[53] WANG J,LIU H Q,LIU H B. Measuring joint opening displacement between model shield-tunnel segments for reduced-scale model tests [J]. Structures,2018,16:112-118.

[54] 李倩文,陶利,苑香刚,等. 三维激光扫描技术在越江隧道大修工程中的应用 [J]. 隧道与轨道交通,2018,3:34-37.

[55] 吴勇,张默爆,王立峰,等. 盾构隧道结构三维扫描检测技术及应用研究 [J]. 现代隧道技术,2018,55 (S2):1304-1309.

[56] 陈明安. 地铁盾构隧道激光扫描海量数据处理及应用研究 [D]. 北京:北京交通大学,2016.

[57] CUI H,REN X C,MAO Q Z,et al. Shield subway tunnel deformation detection based on mobile laser scanning [J]. Automation in Construction,2019,106:102889.

[58] 曹先革. 基于三维激光扫描数据的地铁隧道断面测量 [J]. 测绘与空间地理信息,2015,38 (7):4-6.

[59] HAN J Y,GUO J,JIANG Y S. Monitoring tunnel profile by means of multi-epoch dispersed 3-D LiDAR point clouds [J]. Tunnelling & Underground Space Technology,2013,33 (1):186-192.

[60] SEO D J,LEE J C,LEE Y D,et al. Development of cross section management system in tunnel using terrestrial laser scanning technique [C] // The International Archives of the Photogrammetry,Remote Sensing and Spatial Information Sciences,2008.

[61] JOE B,SIMPSON R B. Triangular meshes for regions of complicated shape [J]. International Journal for Numerical Methods in Engineering,1986,23 (5):751-778.

[62] FEKETE S,DIEDERICHS M,LATO M. Geotechnical and operational applications for 3-dimensional laser scanning in drill and blast tunnels [J]. Tunnelling & Underground Space Technology Incorporating Trenchless Technology Research,2010,25 (5):614-628.

[63] 李健,万幼川. 基于地面激光技术的隧道变形监测技术 [J]. 地理空间信息,2012,10 (1):14-17.

[64] 简骁,童鹏. 基于地面激光雷达技术的隧道变形监测方法研究 [J]. 铁道勘察,2011 (6):19-21.

[65] GOSLIGAR R V,LINDENBERGH R,PFEIFER N. Deformation analysis of a bored tunnel by means of terrestrial laser scanning [C] // Proceedings of the ISPRS Commission V Symposium Image Engineering and Vision Metrology,2006.

[66] 史玉峰,张俊,张迎亚. 基于地面三维激光扫描技术的隧道安全监测 [J]. 东南大学学报(自然科学版),2013,43 (S2):246-249.

[67] 凌静,张迎亚,曹震,等. 基于地面三维激光扫描技术的盾构隧道竣工测量探究 [J]. 测绘通报,2016 (S2):222-223.

[68] 尤相骏,成俊. 一种真圆形隧道激光扫描断面变形检测新方法的研究 [J]. 隧道建设,2017,37 (7):794-802.

[69] 程姝菲,黄宏伟. 盾构隧道长期渗漏水检测新方法 [J]. 地下空间与工程学报,2014,10 (3):733-738.

[70] 雪彦鹏,何杰,高斌,等. 运营期隧道渗漏水病害无损检测及处治措施研究 [J]. 重庆建筑,2017,16 (10):33-37.

[71] 许献磊,马正,李俊鹏,等. 地铁隧道管片背后脱空及渗水病害检测方法 [J]. 铁道建筑,2019 (7):1-7.

[72] 吴杭彬,于鹏飞,刘春,等. 基于红外热成像的地铁隧道渗漏水提取 [J]. 工程勘察,2019,47 (2):44-49,61.

[73] 王烽人. 隧道渗漏红外特征识别与提取技术研究 [D]. 武汉:华中科技大学,2018.

［74］ 顾天雄，朱福龙，程国开，等．隧道衬砌渗漏水红外特征模拟试验及图像处理［J］．武汉工程大学学报，2017，39（1）：96-102．

［75］ 豆海涛，黄宏伟，薛亚东．隧道衬砌渗漏水红外辐射特征影响因素试验研究［J］．岩石力学与工程学报，2011，30（12）：2426-2434．

［76］ 史增峰，陈系玉．基于地面激光扫描技术的地铁隧道墙壁渗漏水位置识别［J］．上海工程技术大学学报，2015，29（2）：106-109．

［77］ HUANG，H W，LI，et al．Deep learning based image recognition for crack and leakage defects of metro shield tunnel［J］．Tunnelling & Underground Space Technology，2018，77：166-176．

［78］ ZHAO S，ZHANG D M，HUANG H W．Deep Learningbased Image Instance Segmentation for Moisture Marks of Shield Tunnel Lining［J］．Tunnelling and Underground Space Technology，2020，95：103156．

［79］ REN Y P，HUANG J S，HONG Z Y，et al．Image-based concrete crack detection in tunnels using deep fully convolutional networks［J］．Construction and Building Materials，2020，234：117367．

［80］ XIONG L J，ZHANG D L，ZHANG Y．Water leakage image recognition of shield tunnel via learning deep feature representation［J］．Journal of Visual Communication and Image Representation，2020，71：102708．

［81］ 高新闻，简明，李帅青．基于FCN与视场柱面投影的隧道渗漏水面积检测［J］．计算机测量与控制，2019，27（8）：44-48．

2 点云数据采集

2.1 三维激光扫描技术

三维激光扫描仪是继全球定位系统（Global Position System，简称 GPS）和全站仪之后的又一项高科技测量仪器，现在已逐渐发展成熟。三维激光扫描技术是利用激光测距的原理，通过外业现场扫描记录被测物体表面大量密集点的三维坐标、反射率和纹理等信息，能够快速复建出被测目标的三维模型及线、面、体等各种数据，因此又称三维激光扫描技术为"实景复制技术"[1]。

2.1.1 基本原理

地面三维激光扫描仪一般是以仪器自身建立坐标系统，以仪器中心为坐标原点、X 轴在横向扫描面内、Y 轴在横向扫描面内与 X 轴垂直、Z 轴垂直于 XOY 面[2,3]，如图 2-1 所示。

仪器中心到被测物体表面任意一点的距离 S 由激光从发出经被测物体表面再返回仪器所经过的时间确定；β 为扫描仪测量每个激光脉冲横向扫描角度观测值，α 为纵向扫描角度观测值，扫描范围内任意一点 P 的三维坐标可表示为：

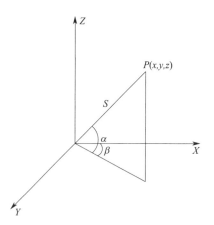

图 2-1 扫描仪三维坐标系统

$$x = S\cos\alpha\cos\beta$$
$$y = S\cos\alpha\sin\beta$$
$$z = S\sin\alpha$$

(2-1)

2.1.2 扫描特点

地面型三维激光扫描是分站式静态扫描，因此每一站的点云数据都是相互独立的，需要将所有站的点云数据转换到同一坐标系中，这个过程就称为点云的拼接。目前，拼接的主要方式有基于点的 ICP 拼接方式、全局拼接方式和绝对拼接方式，ICP 拼接方式是通过相邻两站产生的特征点云进行拼接，一般通过 ICP 算法实现，但这种方法不适用于隧道这种特征点不突出的建筑物；全局拼接方式是通过两站之间共有的标靶进行拼接，把相邻的两站依次通过标靶进行拼接，最后拼接为一个完整的隧道点云数据，由于这种方法依次通过相邻站进行拼接，所以会造成误差积累的现象，影响点云的精度；绝对拼接方式需要测量测站点的坐标或者标靶的坐标，直接通过测站或者标靶的坐标进行拼接，这种方法的精度很高，相应的工作量也是最大的。

获取隧道完整有效的点云数据是整个测量工作的基础，直接关系到后期数据处理的复杂程度以及三维模型的创建质量。所以，依据扫描现场的实际情况和测量精度要求来选择合理的数据采集方案具有重要的意义，选取的测站间距和扫描分辨率影响测量的准确性。

2.2 扫描方案

采集隧道点云数据是获取隧道断面监测点，进行椭圆拟合以及变形监测的工作基础，数据采集精度影响后续数据处理工作[4]，因此，结合隧道现场的实际情况以及精度要求，选择适合的扫描方案十分重要。

由于隧道狭长，无明显特征点，扫描隧道时架设一次测站无法获取整条隧道点云坐标数据，故需要多站扫描后进行点云数据的拼接。

应用三维激光扫描仪采集隧道三维坐标的方法中较为常用的是整体采集和局部采集两种方法[5]。整体采集时，扫描仪需要采集事先布设的标靶位置，使用后处理软件将多个测站拼接出完整隧道数据，通过确定标靶位置的坐标将整条隧道转至绝对坐标系中，此方法可以整体扫描目标物体并获取三维激光点云数据。局部采集时，需要将三维激光扫描仪架设在控制点上，经过对中整平后在仪器中输入控制点坐标，对特定范围进行三维扫描，当控制点较为密集时，也可以通过局部采集方法测量整条隧道数据。

应用整体采集方法的优点是测量时可以将扫描仪架设在任意位置，仅需整平，不需要对中，外业操作时方便快捷；缺点是在数据处理时需要通过标靶拼接测站。应用局部采集方法获取点云数据时不需要拼接及坐标转换，得到的数据均在绝对坐标系统内；缺点是隧道距离较长，测站数量较多时，控制测量工作量大，且每站测量都要对中整平后输入控制点坐标，外业操作耗时费力[6]。

对于长距离隧道，单站扫描难以测得完整数据，需要多次架设测站才能获取整条隧道数据，因此，需要设置站与站之间的距离，制定扫描方案。测站间距和扫描分辨率是数据采集的关键参数[7]，扫描参数取值对测量精度和测量效率会产生较大影响[8]。本节基于测站间距、扫描分辨率以及扫描时间三个因素进行隧道扫描方案的分析。

2.2.1 测站间距

扫描时测站间距的选择对精度具有十分重要的影响，而影响测站间距的主要因素是扫描时最大入射角以及隧道内径尺寸[7]。

三维激光的入射角是激光的入射方向与扫描体表面法线的夹角，入射角越大精度越低[9]。隧道扫描时一般在隧道中线上选取测站点，根据最大入射角与测站间距和隧道宽度之间固定的几何关系，选定测站间距后，最大入射角也随之确定，几何关系为：

$$\theta_{max} = \arctan\left(\frac{S}{D}\right) \quad (2-2)$$

式中，θ_{max} 为扫描范围内最大的入射角；S 为测站间距；D 为隧道的最大宽度。Javier Roca-pardmas[10] 通过试验验证：当入射角大于65°时，误差会急剧增加，由式(2-

2)得,$\theta_{\max}$取为65°时,$S=2.1D$;李宗平等[11]通过现场试验得出:当入射角大于60°时,误差急剧增加,由式(2-2)得,当$\theta_{\max}=60°$时,$S=1.7D$。

由图2-2可知,当隧道宽度和测站间距都相同,并且都将扫描仪架设在隧道中心线上时,隧道曲线段的最大入射角大于直线段,即:

$$\theta_{\max弯} > \theta_{\max直} \tag{2-3}$$

式中,$\theta_{\max弯}$为曲线段的最大入射角;$\theta_{\max直}$为直线段的最大入射角。

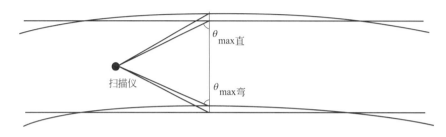

图 2-2　隧道直线段与曲线段最大入射角

由式(2-2)和式(2-3)可知:在隧道宽度相同的条件下,隧道曲线段测站间距应小于直线段。测站间距小,则入射角小,精度高;但测站间距过小时,需要架设测站增多,很大程度上降低效率,因此结合上述分析,建议隧道直线段的测站间距设为$S=2D$,曲线段的测站间距设为$S=1.5D$。

2.2.2　扫描分辨率

每一款扫描仪一般都有几种不同的扫描分辨率,通过选择扫描仪不同的分辨率来控制疏密程度。对于本书试验所采用的徕卡 ScanStation P40 激光扫描仪,共有7档扫描分辨率,第一档分辨率(灵敏度最高)时,参数如图2-3所示。扫描分辨率一般用点云中相邻两点的距离(也叫测点间距)δ(mm/m)表示,分辨率越高,测点间距越小,扫描时间也越长,将7档扫描分辨率与时间、精度(测点间距)的关系统计如表2-1所示。

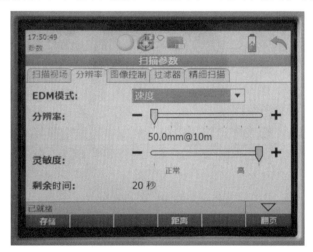

图 2-3　徕卡 ScanStation P40 扫描仪分辨率

扫描仪分辨率扫描时间、精度统计表　　　　　表 2-1

扫描分辨率	测点间距（mm@10m）	扫描时间
第一档分辨率	50	26″
第二档分辨率	25	35″
第三档分辨率	12.5	1′5″
第四档分辨率	6.3	4′5″
第五档分辨率	3.1	16′12″
第六档分辨率	1.6	1h38′1″
第七档分辨率	0.8	3h42′25″

在图 2-4 中，设 B 点与 C 点是相邻点云中距离最大的两个点，用 BC 表示最大的测点间距（mm），$BC=\delta_{\max}$，$\angle BAC=90°$，则：

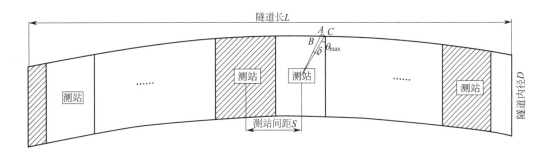

图 2-4　隧道设站扫描模型

$$\angle ABC = \theta_{\max} = \arctan\left(\frac{S}{D}\right) \tag{2-4}$$

$$AB = \sin\delta\left(\frac{\sqrt{S^2+D^2}}{2}\right) \tag{2-5}$$

$$BC = \delta_{\max} = \frac{AB}{\sin\angle ABC} = \sin\delta\left(\frac{\sqrt{S^2+D^2}}{2}\right) / \sin\left[\arctan\left(\frac{S}{D}\right)\right] \tag{2-6}$$

即

$$\sin\delta = \frac{2\delta_{\max}\sin\left[\arctan\left(\frac{S}{D}\right)\right]}{\sqrt{S^2+D^2}} \tag{2-7}$$

一般角分辨率都很小，当角分辨率足够小时，可以用点云中距离测站一定距离处的测点间距进行表示，即为 $\delta=\sin\delta$，由于本书所用扫描仪给出的测点间距是距离测站 10m 处的测点间距，而公式（2-7）中所用分辨率一般为距扫描仪中心 1m 处点云的测点间距[11]，本书分别在所用扫描仪的第三、第四和第五档分辨率条件下，在同一测站条件下进行扫描，截取距离测站 10m 和 1m 处左右两侧厚度为 10cm 的断面点云，将距离测站 1m 的断面点云等效为公式中的角分辨率。通过计算断面点云中测点之间的平均间距，来估计 1m 处的测点间距，通过分析这三档分辨率条件下 10m 和 1m 处之间的关系来推算其他档次 1m 处的测点间距，具体结果如表 2-2 所示。

扫描分辨率与距离关系　　　　　　　　　表 2-2

扫描分辨率	10m 处平均间距(mm)		1m 处平均间距(mm)	
	左侧	右侧	左侧	右侧
第三档	12.47	12.52	1.47	1.49
第四档	6.09	6.1	0.73	0.71
第五档	3.08	3.12	0.38	0.36

由表 2-2 可知：扫描仪标称 10m 处的测点间距在三个档次分别为 12.5mm、6.3mm、3.1mm，在扫描分辨率为第三、第四和第五档时，实测计算所得 10m 处的平均间距与扫描仪标称的测点间距相差不大，如图 2-5 所示。当扫描分辨率为第三档时，1m 处的平均间距为 1.5mm 左右；第四档时，1m 处的平均间距为 0.72mm 左右；第五档时，1m 处的平均间距为 0.37mm 左右。由此可以发现，在距测站同一距离条件下，相邻两档分辨率测点间距几乎呈倍数的关系；10m 处的测点间距约为 1m 处的测点间距的 8.5 倍。基于这两个条件关系和文献［12］、文献［8］中徕卡 C10 扫描仪的相邻档次测点间距的关系，将第三、第四和第五档 1m 处的测点间距定为 1.5mm、0.72mm 和 0.36mm，以此为标准来计算其他几档分辨率条件下的测点间距，结果如表 2-3 所示。

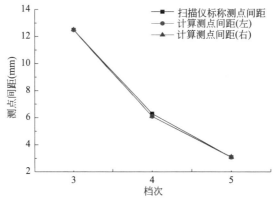

图 2-5　测点间距与分辨率关系

测点间距与扫描分辨率　　　　　　　　　表 2-3

扫描分辨率	1m 处的测点间距(mm/m)
第一档	6
第二档	3
第三档	1.5
第四档	0.72
第五档	0.36
第六档	0.2
第七档	0.1

因此，在隧道测站间距确定的情况下，需要根据测量的精度要求来确定最大测点间距，最大测点间距应该大于最后所截取断面的厚度，建议取 $\delta_{max}=10mm$[12]，然后根据隧道的宽度来确定扫描分辨率，关系式为：

$$\delta = \frac{2\delta_{max}\sin[\arctan(\frac{S}{D})]}{\sqrt{S^2+D^2}} \quad (2-8)$$

根据本研究所用徕卡 ScanStation P40 三维激光扫描仪，将最佳扫描分辨率与隧道最大宽度的关系表示为如图 2-6 所示。

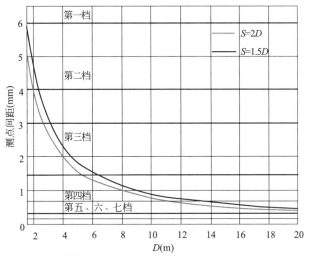

图 2-6　最佳扫描分辨率与隧道宽度关系（以徕卡 ScanStation P40 为例）

整条隧道扫描时间不仅受到测站间距及扫描分辨率的影响，还与不同的扫描方案选择有关，该部分内容将在第 2.3.1 节进行详细对比分析。

2.2.3　扫描时间

从第 2.2.2 节中得知扫描仪的扫描精度与扫描分辨率有一定的关系，而扫描分辨率与扫描时间也有一定的关系，扫描时间受测站间距及扫描分辨率的影响，测站间距越小，测站点越多，相应的扫描时间越长；扫描分辨率越高，单站扫描时间也会越长（图 2-7）。随着扫描分辨率的增大，单站扫描时间不断增长，当大于一定值时，扫描时间快速增长，效率急剧降低。

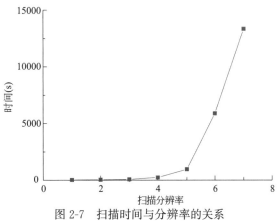

图 2-7　扫描时间与分辨率的关系

隧道扫描过程中，在扫描测站间距确定后，由图 2-6 可以根据隧道的宽度确定选用扫描分辨率，符合要求的扫描分辨率可能不唯一，因此需要根据不同档次扫描分辨率的时间来确定最终选取的分辨率。为了提高隧道扫描的效率，在符合要求的精度条件下，建议选取扫描时间较短的扫描分辨率。

2.3 工程案例

随着研究的深入，根据工程的施工进度，研究团队选用不同的工程案例开展了相关研究工作。为方便理解，本书中标注案例一、案例二、案例三、案例四。下面依次介绍各案例的工程概况。

2.3.1 案例一

2.3.1.1 工程概况

案例一依托北京城市轨道交通新机场线某期工程盾构区间段，新机场线盾构段沿东环路由南向北敷设，依次下穿南六环，直径 1000mm（局部 2000mm）高压燃气、直径 1000mm 给水管线，侧穿广顺桥，侧穿数座房屋，下穿新凤河。区间左右线均为南侧盾构井始发。设计起讫里程为：右 K26+498.650（左 K26+498.655）～右 K29+283.100（左 K29+283.568），右线隧道全长 2784.450m，左线隧道全长 2783.545m（含断链＋0.045、－1.413m）。隧道断面外径 8.8m，内径 7.9m，竖向曲线半径为 15000m，水平方向最小曲线半径 3000m，最大坡度 21‰，最小坡度 3.5‰。本盾构段共设置 5 处联络通道，其中 2 号、5 号 联络通道兼做泵房。区间采用盾构法施工，联络通道采用矿山法施工。盾构段线间距 13.566～19.375m，水平净距 4.766～10.575m，覆土厚度 8.7～19.0m。总平面如图 2-8 所示。

盾构隧道采用平板形单层钢筋混凝土管片衬砌，具有表 2-4 中的要素。

隧道衬砌管片要素　　　　表 2-4

项目	构造	说明
衬砌环直径	外径 8800mm；内径 7900mm	一封顶块（F）、两块邻接块（L_1、L_2）、五块标准块
厚度/宽度	1600mm	
管片分块	8 块	
管片拼装方式	错缝拼装	—
管片连接	斜螺栓连接	环缝 M30 螺栓：22 颗/环 纵缝 M30 螺栓：16 颗/环

本工程所用盾构隧道的管片安装方法如下：

管片衬砌环采取错缝拼装方式，如图 2-9 所示，衬砌环推荐拼装位置共有 8 种拼装方式，本盾构区间段的拼装点位见本书第 4.2.3 节。

2.3.1.2 扫描方案的设定

通过对隧道的现场调研发现，隧道内部分区段有淤泥，整体光线一般，地面布有绝对

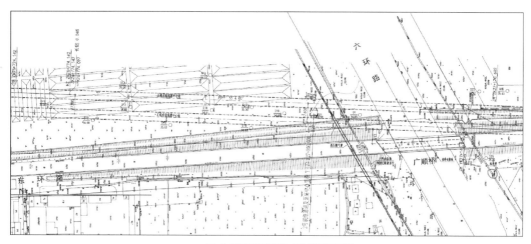

(a) 北京新机场线某工程概况平面图

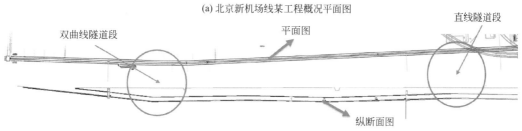

(b) 工程概况示意图

图 2-8 北京新机场线某工程概况平面图

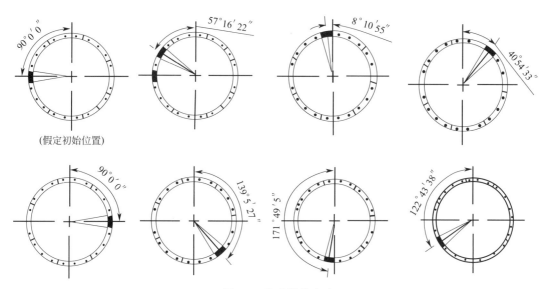

图 2-9 管片拼装方式

坐标系下的控制点,前期调研现场如图 2-10 所示。

本研究应用天宝 TX6 三维激光扫描仪对北京新机场线某值构区间段进行测量,采集完整数据,应用徕卡 ScanStation P40 三维激光扫描仪采集局部区段数据进行试验对比。

图 2-10 北京新机场线某盾构隧道现场环境

天宝 TX6 三维激光扫描仪及徕卡 ScanStation P40 三维激光扫描仪如图 2-11 所示,其精度参数如表 2-5 所示。

天宝 TX6 三维激光扫描仪及徕卡 ScanStation P40 激光扫描仪的标称精度　　表 2-5

仪器	角度精度(″)	距离精度
天宝 TX6 三维激光扫描仪	8	<2mm
徕卡 ScanStation P40 三维激光扫描仪	8	1.2mm+10ppm

在本次扫描中把直线段隧道的测站间距设为 $S=2D$,曲线段隧道的测站间距设为 $S=1.5D$(D 为隧道内径)。在扫描仪扫描过程中,应尽可能地将仪器架设在中线位置上。北京新机场线盾构隧道的内径为 7.9m,即直线段隧道的测站间距设为 $S=15m$,曲线段隧道的测站间距设为 $S=12m$。最大测点间距应该大于所截取断面的厚度[13],取 $\delta_{max}=10mm$,根据式(2-7)计算分辨率为 10.6mm@10m,天宝 TX6 扫描仪选取为 6mm@10m,徕卡 ScanStation P40 扫描仪选取为 6.3mm@10m。

(a) 天宝TX6三维激光扫描仪　　(b) 徕卡ScanStation P40三维激光扫描仪

图 2-11 试验所用仪器

两种数据采集方案具体为:

(1) 方法一

采用天宝 TX6 扫描仪进行扫描,将扫描仪架设在任意位置,借助十字平面标靶赋予绝对坐标,具体数据采集过程为:

①事先在隧道两侧衬砌管片上布设平面十字标靶纸,如图 2-12(a) 所示,直线段每隔 4 倍测站间距在隧道轴线方向左右两侧管片上交替布设平面十字标靶纸,曲线段每隔 3 倍测站间距在左右两侧交替布设平面十字标靶纸;并借助全站仪+小棱镜的模式测量平面十字标靶纸中心的绝对坐标。

②在试验隧道段一端开始架设扫描仪,不要求架设在控制点上,在第一测站与第二测站之间的位置布设球形标靶,放置时要求三个球形标靶不在同一条线上,且尽量放置在两个测站的中间位置,如图 2-12(b)、图 2-13 所示。经整平后,选取扫描分辨率 6mm@10m 全景扫描,标靶位置不动,扫描结束搬运扫描仪至第二测站。

(a) 平面十字标靶纸　　　　　　　　(b) 球形标靶

图 2-12　北京新机场线现场标靶示意图

③第一测站与第二测站之间的球形标靶不动,在第二测站与第三测站之间的位置再布设球形标靶,经整平后,选取扫描分辨率 6mm@10m 全景扫描,第二测站与第三测站之间的球形标靶位置不动,扫描结束后搬运扫描仪至第三测站。

④第三测站与第二测站过程一致。

图 2-13　测站及标靶布设示意图

本试验在两个测站之间的公共区域内布置 3 个不在同一高度并且不在同一条直线上的球形标靶,外加平面标靶(图 2-13)进行修正,以便用于后期的点云数据拼接。

(2) 方法二

使用徕卡 ScanStation P40 扫描仪进行扫描,在现场扫描时,将扫描仪架设在控制点

进行扫描,然后将控制点坐标导入扫描仪,具体数据采集过程为:

①通过控制点位置确定每站的测站位置,在扫描仪中建立新的文件夹。

②在第一个控制点位置架设扫描仪,经对中、整平后,全景扫描,搬运扫描仪至第二个测站。

③第二个测站与第一测站过程一致。

2.3.1.3 扫描方案精度对比

在同一段隧道中,采用上面描述的两种扫描方案,并使用相同的数据处理方法,将所得数据与全站仪测量数据进行对比。点云简化采用等距采样方法,并分析不同简化程度对精度和效率产生的影响。表 2-6 所示为两种方法在不同简化程度时的精度结果,对比结果如图 2-14 所示。

两种方法在不同简化程度时的精度结果　　　　　表 2-6

最大点云间距(m)	X 方向精度(mm)		Y 方向精度(mm)		Z 方向精度(mm)	
	方法一	方法二	方法一	方法二	方法一	方法二
0.10	0.991	0.979	8.740	8.281	8.354	7.538
0.09	0.869	0.860	7.462	6.912	7.124	6.615
0.08	0.889	0.842	7.275	6.399	6.206	6.941
0.07	0.797	0.708	6.082	5.942	6.116	5.809
0.06	0.598	0.474	5.735	4.493	5.647	4.049
0.05	0.573	0.469	5.401	4.315	5.456	3.976

总体来看,同种简化程度,方法一比方法二的精度值高,即方法二结果更接近于全站仪数据,准确度更高。而对于同种方法,简化程度对精度也产生影响,最大点云间距越大,精度越高,准确度越差。

2.3.1.4 扫描方案效率对比

在实际工程中,不仅对扫描方案的精度提出要求,同样,对外业扫描时间和内业数据处理时间也存在限制,上述两种方法单站扫描时间及试验总用时长如表 2-7 所示,不同简化程度时提取单个断面并计算中心点坐标的平均用时如表 2-8、图 2-15 所示。

两种方法单站扫描时间及扫描试验段总用时长　　　　　表 2-7

	方法一	方法二
单站扫描时间	3′56″	4′05″
扫描试验段总用时长	60′	100′

不同简化程度时提取单个断面并计算中心点坐标的平均用时　　　　　表 2-8

简化程度(m)	0.10	0.09	0.08	0.07	0.06	0.05
平均时间	1′48″	2′33″	3′45″	7′23″	13′33″	28′56″

两种方法对比来看,随着简化程度减小,两种方法得到的中心点坐标精度都增大,但总体来看,方法二比方法一更精确,但扫描总时长也更长。

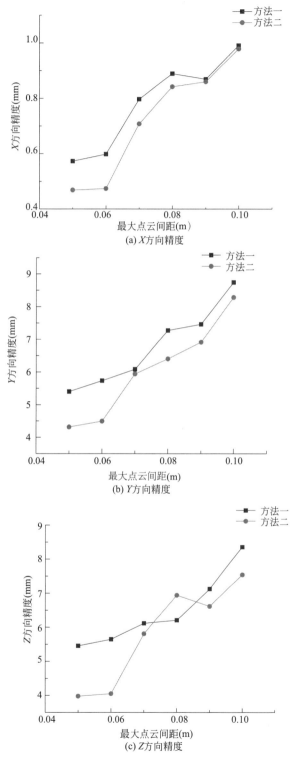

图 2-14 两种方法精度对比

由上述试验结果可以看出,不同点云简化程度下的精度不同,随着简化程度越小,即

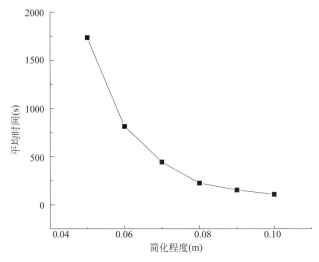

图 2-15 提取单个断面平均时间与简化程度的关系

点云密度越大时，数据结果越精确。但单个断面提取及中心点计算时间明显增大，当点云简化点距设为 0.05m 时，单个断面提取及中心点计算时间约为半小时，相应的精度提高并不显著。在实际工程中，可综合隧道长度、时间限制和精度要求进行扫描方案的选择。

2.3.2 案例二

2.3.2.1 工程概况

本书试验依托北京地铁 8 号线三期工程，该工程主要包括一站两区间即：五福堂站、六营门站—五福堂站区间、五福堂站后折返线区间，如图 2-16 所示，起点里程 YK37+329.200，终点里程 YK39+363.920，长度 2034.72m。六营门站—五福堂站区间段为盾构法施工段，五福堂站后折返线区间段为矿山法施工段。试验段分别选取了约 60m 的六营门站—五福堂站区间段（盾构区间-试验段 1）和约 60m 的五福堂站后折返线区间段（矿山法区间-试验段 2），试验段扫描测量期间正值该工程竣工期间。

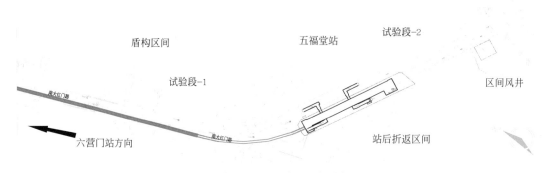

图 2-16 工程概况平面图

六营门站—五福堂站测量区间段，线路纵坡为 4.3‰～4.7‰，平曲线半径 $R=350\sim3000\mathrm{m}$，区间采用盾构法施工，单层衬砌管片，管片采用钢筋混凝土平板形管片，具有表 2-9 中的要素。

衬砌环要素汇总表　　　　　表 2-9

项目	构造	说明
管片内径/厚度/宽度	ϕ5400mm/300mm/1200mm	一个封顶块 C、两个邻接块 B、三个标准块 A
管片分块	6 块	
管片拼装方式	错缝拼装	—
管片连接	弯螺栓连接	环向：12 个 M24 螺栓 纵向：16 个 M24 螺栓

本研究所用盾构隧道的管片安装方法如下：

(1) 安装顺序

管片安装顺序依次为 A 型管片、B_1 型管片、B_2 型管片和 C 型管片。C 型管片首先径向推入 1/2 管片宽度后纵向插入。

(2) 安装方式

管片衬砌环采取错缝拼装方式。

五福堂站后折返线区间段，线路纵坡为 2‰，断面为标准马蹄形结构，区间段为直线隧道，采用矿山法施工，该试验段的设计断面如图 2-17 所示。

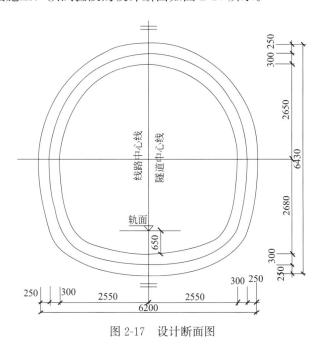

图 2-17　设计断面图

2.3.2.2　扫描方案的设定

通过前期对隧道的调研，发现隧道内比较干净，光线较差，地面有施工坐标系下的控制点，前期调研如图 2-18 所示。

盾构隧道的内直径为 5.4m，在扫描仪扫描过程中，应尽可能将测站位置选在中线位置上，由第 2.2.1 节中 $S=(1.5\sim2)D$ 可得，每两站之间的测站距离可选范围为：$S=$

(a) 盾构隧道环境　　　　　　　　　　(b) 矿山法隧道环境

图 2-18　隧道现场环境

$(1.5\sim2)\times5.4=(8.1\sim10.8)\mathrm{m}$。

由于隧道内环境较好，为提高工作效率，取测站间距为 10m，把每个测站的位置用铁钉做标记，用索佳 SET1X 全站仪在该区段进行控制测量，计算出 6 个测站的坐标，用于后期的点云数据拼接。采用徕卡 ScanStation P40 三维激光扫描仪进行点云数据采集，在两个测站之间的公共区域布置 4 个不在同一条直线上的球形标靶，用于后期的点云数据拼接。在试验段区间共分为 6 站进行扫描，现场扫描布置如图 2-19 所示。

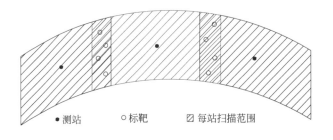

图 2-19　现场扫描布置图

由表 2-1 扫描分辨率的选取可知，隧道直径为 5.4m 对应的扫描分辨率为第三档或者第四档，本研究采用第四档，该档对应分辨率的技术参数如图 2-20 所示。

测量过程中所用的索佳 SET1X 全站仪（图 2-21）的精度参数如表 2-10 所示。

索佳 SET1X 全站仪的标称精度　　　　　　　　表 2-10

仪器	角度精度(″)	距离精度
索佳 SET1X 全站仪	1	2mm+2ppm（免棱镜模式）

隧道扫描的具体过程如下：

（1）通过测站间距来确定每站的测站位置，利用控制网中的控制点测量每个测站位置的坐标，在扫描仪中建立新的文件夹；

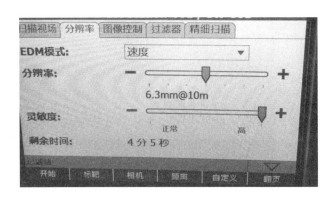
图 2-20 扫描仪技术参数

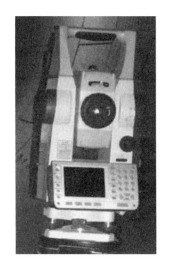
图 2-21 索佳 SET1X 全站仪

（2）在第一个测站位置架设扫描仪，经对中、整平后，选取第四档扫描分辨率，全景扫描，然后对一、二测站之间的标靶精确扫描，标靶位置不动，搬运扫描仪至第二测站；

（3）在第二测站架设扫描仪，同样经对中、整平后，选取第四档扫描分辨率，全景扫描，然后精确扫描与上一站间的标靶，移动标靶至下一测站区间，精确扫描标靶；搬运扫描仪至第三测站；

（4）第三测站与第二测站过程一致。

工作现场如图 2-22 所示。

(a) 扫描仪扫描

(b) 全站仪测量

图 2-22 工作现场

2.3.3 案例三

本书试验研究依托一条有曲线的隧道（该隧道只为用于试验研究），隧道断面尺寸为

5m×3.5m，试验段长 60 余米。采用徕卡 ScanStation P40 激光扫描仪与索佳 SET1X 全站仪对该隧道进行变形测量，先后对该隧道进行两期数据采集，两期间隔为一年。

（1）控制网布设及解算：首先在隧道进口和出口各布设两个控制点，通过 GPS 进行长时间观测，最终解算出控制点坐标。隧道内部布设两个控制点，利用水准仪和全站仪进行角度、距离和高程测量，对附合导线进行平差，计算出各控制点的坐标，再通过控制点坐标引出标靶的中心坐标。

（2）扫描方案：试验隧道宽 5m，尽可能将扫描站点选在中轴线上，试验测站间距约为 10m，在相邻两站公共区域布设 3 个平面标靶（尽量与激光束垂直）和 6 个球形标靶，用于拼接和评定误差，分 7 站扫描隧道，扫描现场如图 2-23 所示，测站平面布置如图 2-24 所示。

图 2-23　扫描现场

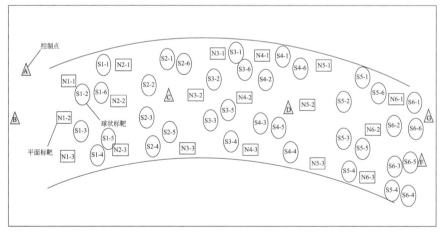

图 2-24　测站平面布置图

2.3.4　案例四

本书试验研究依托北京地铁 16 号线某盾构区间段，该区间段右线设计里程为右 K2+672.85～右 K4+184.5，区间右线总长为 1511.65m，左线总长 1489.947m，埋深范围为

14~22m。本区间正线轨顶标高为 25.634~27.734m，结构底板标高为 24.65~26.75m。纵断面上，为倒"V"形坡，曲率半径为 5000m，区间隧道埋深 16~22m。区间内设置 2 处联络通道，1 号联络通道中心里程为右 K3+206.643，2 号联络通道中心里程为右 K3+578.630（联络通道中心里程以联络通道后续相关施工图为准）。工程概况平面图如图 2-25 所示。

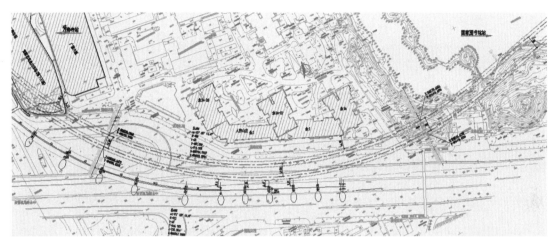

图 2-25　工程概况平面图

由于竣工期盾构隧道未进行铺轨、安装设备管线等工序操作，因此隧道内比较干净，只有纯粹的管片和电灯导线，对于隧道有效点云数据的获取十分有利，基本不需要专门针对海量点云数据进行噪点处理，对于隧道表面点云数据的获取也没有遮挡物，视野开阔。因此，本试验段采取每间隔 10 环（15m 左右）进行一次架站，进而获取隧道断面点云数据，现场如图 2-26 所示。

图 2-26　北京地铁 16 号线某隧道盾构区间段获取点云数据现场

为了进行隧道断面点云数据密度的验证，利用徕卡 ScanStation P40 三维激光扫描仪以北京 16 号地铁盾构试验段进行 7 个档位分辨率（正常灵敏度）的数据扫描工作。不同档位对应分辨率的技术参数以及获取的隧道点云数据如图 2-27 所示。

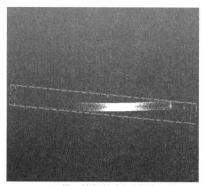
(a) 第一档位所对应数据点云图

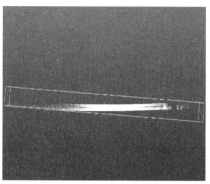
(b) 第二档位所对应数据点云图

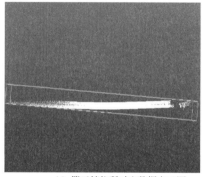
(c) 第三档位所对应数据点云图

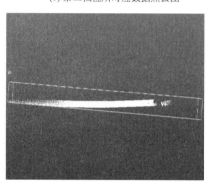
(d) 第四档位所对应数据点云图

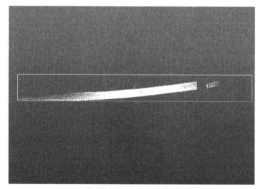
(e) 第五档位所对应数据点云图

图 2-27 不同档位分辨率扫描的点云图

每个分辨率档位所对应的时间与隧道点云数量等参数如表 2-11 所示。

三维激光扫描仪每个档位分辨率所对应的点云数据与扫描时间　　　　表 2-11

三维激光扫描仪	扫描时间	点云数量(个/站)	测点间距(mm@10m)	解压数据大小(KB)
第一档位	20″	612519	50	13803
第二档位	33″	2441184	25	55017
第三档位	58″	9770725	12.5	220203
第四档位	1′49″	35481481	6.3	878029

续表

三维激光扫描仪	扫描时间	点云数量(个/站)	测点间距(mm@10m)	解压数据大小(KB)
第五档位	3′30″	137873685	3.1	3451555
第六档位	13′34″	498021349	1.6	12482147
第七档位	54′11″	～	0.8	～

注：表中"～"表示数据的缺失，由于数据处理、计算机配置等因素导致数据没有导出。

根据表 2-11 可知，扫描仪的分辨率越高，所对应的断面点云数据就会越多、精度相应也会提高，但是所需要的时间也会越长，结合分辨率与扫描时间、点云数据量、点云数据存储的关系（图 2-28），本书根据盾构隧道病害项目的检测要求精度，验证了隧道横断面上点云数量多少与精度之间的关系，供后续工程参考。具体的分析过程会在第 4.4.4 节详细叙述。

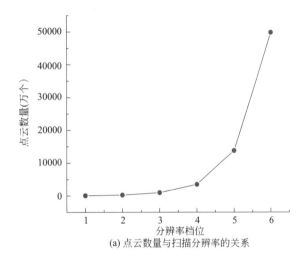

(a) 点云数量与扫描分辨率的关系

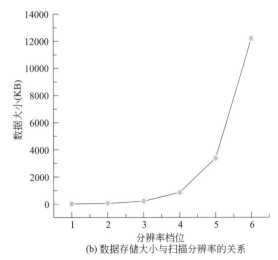

(b) 数据存储大小与扫描分辨率的关系

图 2-28 扫描分辨率与点云数量、数据存储大小、时间的关系（一）

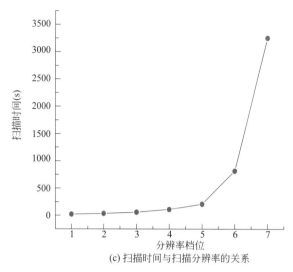

(c) 扫描时间与扫描分辨率的关系

图 2-28　扫描分辨率与点云数量、数据存储大小、时间的关系（二）

2.4　小结

本章主要介绍了三维激光扫描技术的特点、基本原理，分析了本书所用扫描仪的扫描参数，制订了隧道数据采集方案：根据实际隧道内径和工程所需点云精度，确定测站间距和扫描分辨率、扫描时间三个影响因素，为其他类型扫描仪扫描方案的制订提供了参考思路。

同时，结合 4 个工程案例，分别对不同类型的隧道获取扫描数据：

针对机场线盾构区间段，介绍了针对现场获取的点云数据进行预处理的方法，描述了如何对点云数据进行统一化处理，得出简化程度对精度也产生影响的结论，最大点云间距越大，精度越高。

针对隧道狭长形的结构特点，详细分析了影响扫描精度的因素，包括测站间距和扫描分辨率，并且对直线形隧道的测站间距给出了建议，得出了在同样条件下具有一定弧度隧道的测站间距应比直线形隧道的测站间距小的结论。

目前，三维激光扫描技术在盾构隧道监测中的应用主要在直线隧道或单方向曲线隧道，对于平纵双曲线隧道的监测，仍处于探索中。扫描方案的设定对于点云数据采集的精度以及效率都具有重要影响。因此，针对长距离的平纵双曲线盾构隧道，选取适合的扫描方式、测站间距、扫描分辨率等是十分重要的。

参考文献

[1] 简锐敏. 基于三维激光扫描技术的变形监测方法研究 [J]. 西部资源，2019，90（3）：201-202.
[2] 井文胜，王健，孙爱怡. 地面三维激光扫描仪的精度评定方法研究 [J]. 测绘与空间地理信息，2016，39（11）：198-201＋206.
[3] 张启福. 地面三维激光扫描仪性能测试方法研究 [D]. 郑州：解放军信息工程大学，2012.

[4] 徐教煌，王嘉伟. 三维激光扫描技术在地铁圆形盾构隧道检测中的应用［J］. 北京测绘，2018，32（6）：674-680.

[5] 沙丛术，潘洁晨. 基于三维激光扫描技术的隧道收敛变形整体监测方法［J］. 城市轨道交通研究，2014，17（10）：51-54.

[6] 李双. 基于三维激光扫描技术的隧道连续断面提取及变形分析［D］. 西安：长安大学，2015.

[7] 谢雄耀，卢晓智，田海洋. 基于地面三维激光扫描技术的隧道全断面变形测量方法［J］. 测绘通报，2016（2）：143-144.

[8] DELALOYE D. Development of a new methodology for measuring deformation in tunnels and shafts with terrestrial laser scanning (LIDAR) using elliptical fitting algorithms［D］. Kingston：Queen University，2012.

[9] SOUDARISSANANE S，LINDENBERGH R，MENENTI M，et al. Incidence angle influence on the quality of terrestrial laser scanning points［C］// Proceedings of ISPRS Workshop Lasers Scanning 2009，2009.

[10] ROCA-PARDIÑAS J，ARGÜELLES-FRAGA R，DE ASÍS LÓPEZ F，et al. Analysis of the influence of range and angle of incidence of terrestrial laser scanning measurements on tunnel inspection［J］. Tunnelling and Underground Space Technology，2014，43：133-139.

[11] 李宗平，张永涛，杨钊，等. 三维激光扫描技术在隧道变形与断面检测中的应用研究［J］. 隧道建设，2017，37（3）：336-341.

[12] 谢雄耀，卢晓智，田海洋，等. 基于地面三维激光扫描技术的隧道全断面变形测量方法［J］. 岩石力学与工程学报，2013，32（11）：2214-2224.

[13] 谢雄耀，卢晓智，田海洋. 基于地面三维激光扫描技术的隧道全断面变形测量方法［J］. 测绘通报，2016（2）：143-144.

3 点云数据预处理

3.1 点云数据拼接原理

为了全方位扫描隧道，需要进行分站式测量，然后对多站数据进行拼接。点云拼接就是指利用相邻两站重叠部分的点云计算出对应坐标系间的变换参数，然后通过计算出的变换参数将两站点云的所有坐标进行统一。

地面三维激光扫描仪每次获取的点云数据都是以仪器中心为原点建立独立内部坐标系来获得点云信息；而对于多站信息只有通过坐标系之间的转换，才能得到物体统一的坐标信息，便于后期数据的统一管理与运用。

3.1.1 基于点信息拼接法

基于点信息的拼接算法中，最具代表性的是 20 世纪 90 年代初 Besl 等提出的迭代最近点算法（ICP）[1-4]。ICP 算法的核心理念是：针对目标点云 P（要做坐标转换的目标）和点云 Q，将 P 的数据配准到 Q 所在的坐标系下，第一步对于 P 中的每一个点，在 Q 中找一个和它距离最短的点，创建这两点的映射；第二步选择欧氏距离为目标函数不断迭代，根据最小二乘法计算得到一个最优坐标转换 M，假设 $P=M(Q)$；对上述步骤进行迭代，最后精度满足要求即可停止迭代，完成三维点云数据的配准。最初的 ICP 算法计算速率低下，之后有学者研究出了多种改进的 ICP 算法。虽然基于 ICP 算法的计算精度较高，但是也有一些局限性：首先拼接的两站点云中必须有足够大的重叠区域，并且对这两站点云相对初始位置要求较高，初始位置不能相差太多，否则拼接精度、计算效率都会有影响，甚至产生较不理想的拼接结果；其次如果迭代的次数过多，其计算量也会大大增加。

3.1.2 七参数转换法

在进行数据获取时会在每一站扫描范围内布设多个标靶，并保证有三个以上非同一直线上的标靶位于两站之间的重叠区域。所谓七参数法就是运用相邻两站中的三个公共标靶计算转化七个参数。

一般在数据处理过程中认为两组数据的尺度变化是一个参数变化，即把缩放矩阵用一个参数 K 表示，上述七参数法是假设在同一仪器下获得的点云数据，把仪器内部坐标系统 X、Y、Z 轴上的数据在同一比例下进行缩放，因而用一个参数 K 即可表示拼接过程中的尺度变换，转化原理就是通过七个参数构造出三个矩阵，即旋转矩阵、平移矩阵和尺度变化矩阵，其中旋转矩阵为：

$$R = R_X R_Y R_Z = \begin{bmatrix} 1 & 0 & 0 \\ 0 & \cos\varepsilon_X & \sin\varepsilon_X \\ 0 & -\sin\varepsilon_X & \cos\varepsilon_X \end{bmatrix} \begin{bmatrix} \cos\varepsilon_Y & 0 & -\sin\varepsilon_Y \\ 0 & 1 & 0 \\ \sin\varepsilon_Y & 0 & \cos\varepsilon_Y \end{bmatrix} \begin{bmatrix} \cos\varepsilon_Z & \sin\varepsilon_Z & 0 \\ -\sin\varepsilon_Z & \cos\varepsilon_Z & 0 \\ 0 & 0 & 1 \end{bmatrix} \quad (3\text{-}1)$$

平移矩阵为：

$$B = \begin{bmatrix} X_0 \\ Y_0 \\ Z_0 \end{bmatrix} \quad (3\text{-}2)$$

尺度变换矩阵为：

$$C = \begin{bmatrix} K & 0 & 0 \\ 0 & K & 0 \\ 0 & 0 & K \end{bmatrix} \quad (3\text{-}3)$$

其中 X_0、Y_0、Z_0 为平移参数，ε_X、ε_Y、ε_Z 为旋转参数，K 为尺度变化参数。然后由式(3-1)～式(3-3)即可得到如下变换矩阵：

$$\begin{bmatrix} x_{新} \\ y_{新} \\ z_{新} \end{bmatrix} = (R \cdot C) \begin{bmatrix} x_{旧} \\ y_{旧} \\ z_{旧} \end{bmatrix} + B \quad (3\text{-}4)$$

最后由公式(3-4)即可计算出数据转换后的新坐标信息，从而完成点云数据的拼接。

3.1.3 坐标转化拼接法

坐标转化拼接法类似于全站仪的极坐标测量法，把仪器直接架设在已知坐标上，运用角度定向直接把测量信息转化到统一的坐标系中。三维激光扫描仪运用极坐标转化方法时，也是将仪器架设到已知点上，通过精密对中和整平以后进行扫描，每站扫描完毕换站之前，务必测量地面点到仪器中心的高度（仪器高）。在每站扫描区域内均匀布设标靶，建立控制网，然后用 GPS 或全站仪测量每一站点和标靶的中心点，测点坐标的精度直接影响拼接精度。通过整体平差的方法计算出各标靶中心点的精确坐标，最后通过一一对应关系将每一站的点云数据转换到绝对坐标系下从而实现点云的拼接，图 3-1 为某点云坐标转化图。

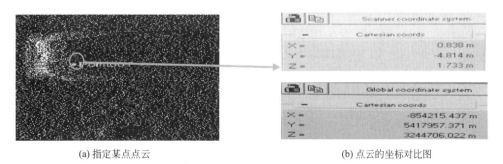

(a) 指定某点点云　　　　　　　　(b) 点云的坐标对比图

图 3-1　某点云坐标转化图

3.2 地铁隧道点云数据的拼接

目前三维激光扫描仪的测程可达 6km，但是扫描获得的点云数据密度随扫描三维距离的增加逐渐减小。对于具有狭长结构的隧道而言，其隧道面特征不明显，甚至极其相似，所以在管状隧道内为保证获取质量较优的点云用于计算隧道变形，一般情况下每一测站的有效点云的范围仅有十几米，这是针对隧道特殊结构不可避免的问题。隧道变形精度依赖于拼接精度，所以需要重视隧道点云拼接，且由于隧道具有结构狭长、特征面不明显等特征，多站点云数据拼接的误差较大。本书从标靶类型、分布范围与标靶数量及控制点拼接等方面分别对点云数据拼接进行试验研究，统计和分析拼接的误差，从而研究出拼接精度的影响因素。

（1）标靶类型：徕卡 ScanStation P40 扫描仪配有专用的平面标靶和球形标靶如图 3-2 所示，都是用高反射率的材料制造而成，用于拼接不同站点所测得的点云数据以及形成统一的坐标系。平面标靶为二维图形，仪器根据标靶的高反射率形成的高密度点识别标靶进而拟合标靶中心，识别范围宜在 200m 内，为了确保拟合的精度，整个标靶区域必须全部被扫描并需与扫描激光束基本垂直，全站仪可以直接测量标靶中心坐标；球形标靶底部基座用磁性材料制作而成，因此可紧密地吸附在铁质测量目标上，无论从任何方向扫描球形标靶，都可较为准确地拟合出球心坐标，扫描的距离较远，全站仪不能直接测量其中心坐标。由于两种标靶各有优缺点，所以通过试验研究出更适合隧道特殊结构形式的标靶。

（2）分布范围与标靶数量：用于拼接的标靶分布范围受限于隧道狭长的结构特征，有时只能做到局部点云的控制拼接，为获得有质量的扫描数据，标靶尽量均匀布置在重叠区域；计算拼接转化矩阵至少需要不在同一直线上的三个标靶中心坐标才能计算出七个转化参数，且通过试验研究标靶数量增多对拼接精度的影响。

（3）控制点拼接：首先布设控制点，建立控制网，利用全站仪由控制点的坐标测量出测站和标靶的坐标，将所有点云的坐标通过坐标转换统一到控制点所在的同一坐标系下，从而完成点云的拼接。

（4）点云拼接精度分析：段龙飞[5]等利用 GPS 获取特征点数据，将 GPS 观测的特征点数据导入点云数据实现拼接，在 X、Y、Z 方向的中误差值分别为 0.0238m，0.0273m 和 0.0016m；王研[6]等基于标靶拼接，拼接最大误差为 2mm，与全站仪测定球面标靶中心坐标进行对比，在 3 个方向的误差分别为：X 方向 2.5mm，Y 方向 0.9mm，Z 方向 0.3mm；王金强[7]等提出基于同名控制点的三维激光点云拼接，最大的拼接误差为 1.086mm，标靶各方向误差分别为 $\sigma_x=0.516$mm，$\sigma_y=0.695$mm，$\sigma_z=0.105$mm，标靶的总中误差为 0.872mm，这表明利用此种方法进行拼接有较高的拼接精度。

本试验研究拟采用两个指标评定精度——基线长度和标靶误差（最大误差、平均误差、中误差）。

基线长度的计算式为：

$$D_{i,j}=\sqrt{(x_i-x_j)^2+(y_i-y_j)^2+(z_i-z_j)^2} \tag{3-5}$$

其中，i、j 代表点号；(x_i, y_i, z_i)、(x_j, y_j, z_j) 为基线在同一坐标系中的两个端点的坐标，把全站仪测量的值作为似真值；$D_{i,j}$ 表示全站仪测量的基线长度与三维激光扫描仪测量长度的差值，$D_{i,j}$ 越小说明拼接精度越高，$D_{i,j}$ 越大说明拼接精度越低。

最大误差：

$$m_1 = \max\left\{\sqrt{\Delta x_i^2 + \Delta y_i^2 + \Delta z_i^2}\right\} \tag{3-6}$$

平均误差：

$$m_2 = \frac{\sum \sqrt{\Delta x_i^2 + \Delta y_i^2 + \Delta z_i^2}}{n} \tag{3-7}$$

中误差：

$$m_3 = \sqrt{\frac{\sum (\Delta x_i^2 + \Delta y_i^2 + \Delta z_i^2)}{n-1}} \tag{3-8}$$

式中，n 为标靶个数；Δx，Δy，Δz 分别为同一标靶不同测站的差值；m 值与转化结果精度呈反比。

标靶类型见图 3-2。

(a) 平面标靶　　　　　　　　(b) 球形标靶

图 3-2　标靶类型

3.3　点云数据的去噪

数据去噪是数据预处理的重要环节，为了得到质量和完整度都较高的点云数据，需要对三维激光扫描得到的原始点云数据进行去噪处理。噪点是由于各种外界因素产生的错误的、影响分析结果的数据，剔除噪点有利于后续的点云数据处理，可以在一定程度上提高精度。点云数据去噪方法分为人工手动剔除噪点、反射率过滤降噪、减少噪声、删除体外孤点和非连接项等方法[5]。

（1）人工手动剔除噪点：在扫描隧道时，隧道内部布设的管线、现场工作人员以及各种工程设备都属于噪声点，这种噪声点相对容易识别，可以通过人工手动选取并删除的方法进行去噪。

基于 Cyclone 软件框选工具对需要删除的点云进行数据去噪，对于角度或位置特殊的点云则采用 Limit Box 进行细部数据去噪，图 3-3 即为手工点云去噪前后对比示意图。

（2）反射率过滤降噪：三维激光扫描时，不仅可以测得物体表面点的三维坐标，还可以记录反射率和纹理等信息，由于不同物体表面点的反射率是不同的，通过对反射率进行

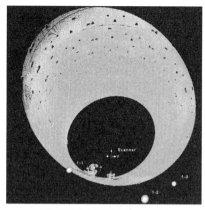 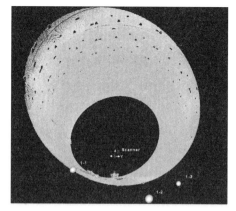

(a) 隧道点云内部噪点原始图　　　　　　(b) 简单去噪后的点云数据

图 3-3　手工点云去噪示意图

过滤,可以保留需要的点云数据,因此可以过滤反射率,将与隧道结构本身反射率不同的噪声点剔除掉。

(3) 减少噪声方法:由于现场条件不同,隧道内可能会存在灰尘、水蒸气等颗粒,同时扫描设备可能会存在轻微振动或者校准不精确等问题,所以在隧道扫描时会有一定范围内的点云噪声。扫描仪都有一定的噪声精度,本研究所用的徕卡 ScanStation P40 扫描仪和天宝 TX6 扫描仪的噪声精度均<2mm@ 50m,即在扫描距离为 50m 时的测距噪声<2mm,仪器自身产生的微小噪声点,可以通过数据处理软件减少噪声的方法来删除,也可以通过点云数据处理软件 Geomagic 中的"减少噪声"命令实现。

(4) 删除体外孤点和非连接项:在隧道点云数据中,一般来说点应该都是密集存在的,但也会存在与大多数点具有一定距离的点,这种点不容易被人眼识别,用减少噪声方法也很难处理,可以通过点云数据处理软件中的删除体外孤点或者非连接项实现去噪,可以通过点云数据处理软件 Geomagic 中的命令来实现,如图 3-4 所示。

图 3-4　工具栏命令

3.4　点云数据的简化

在点云数据处理过程中,由于点云密度太大等因素,点云数据量越多,数据处理速度越慢。因此,为提高计算效率需要对点云数据进行采样简化,采样是通过某种算法减少点密度的过程,且过程中并不改变保留点的坐标,一般通过点云数据处理软件 Geomagic、CloudCompare 以及编程软件来实现,图 3-5 为软件中点云数据采样方式。目前常用的采样方式有统一采样、曲率采样、格栅采样和随机采样[8]。

（1）统一采样：是按照指定距离的方式对点云进行采样。

（2）曲率采样：是按照设定点云的百分比减少点的数量，但需要保持点云中曲率明显的部分。

（3）格栅采样：对于点云中测点分布无序的情况，需要按照间距要求对点云数据按照点与点的距离进行等距采样，因此格栅采样又叫等距采样，在隧道点云数据处理中应用较多。

（4）随机采样：是用一种随机方法对点云进行采样的方式，应用较少。

(a) CloudCompare采样方式　　　　(b) Geomagic采样方式

图 3-5　软件中点云数据采样方式

简化处理后获取的点云密度均匀，数据量减少（图 3-6），可以提高后续隧道数据分析效率。

(a) 原始点云　　　　(b) 简化处理后点云

图 3-6　CloudCompare 软件点云简化

3.5　数据预处理及结果

以工程案例三为例，详述该部分内容。

3.5.1　数据预处理

首先对原始的点云数据进行预处理，图 3-7 中红色部分为噪声点，这些噪声是由于隧道内空气潮湿引起的，所以在数据分析前要先对点云去噪。如果扫描过程中采集的点云分布过于密集，可根据实际需要对点云进行简化，去除冗余数据从而精简点云数据量。

点云拼接是通过一定的约束条件将多站点云数据经过拼接统一到同一坐标系中，拼接完成之后将得到一个项目的完整点云，在 Cyclone 软件中完成此功能，图 3-8 为 Cyclone 的操作界面，图 3-9 为 7 站点云拼接后的点云效果图。

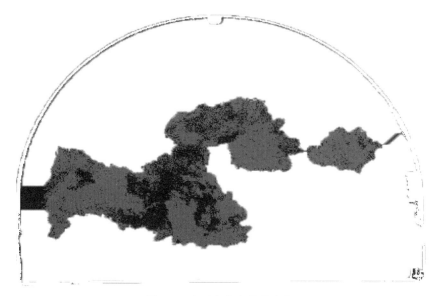

图 3-7　点云中存在的噪声点

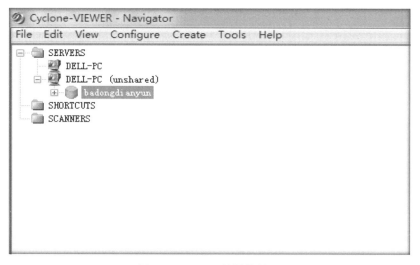

图 3-8　Cyclone 的操作界面

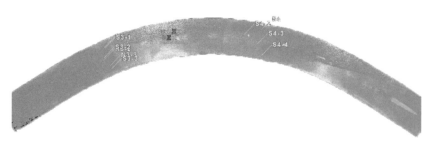

图 3-9　7 站点云拼接后的点云效果图

3.5.2 拼接结果

(1) 基于平面标靶与球形标靶的拼接精度对比

除标靶自身的因素,为避免其他因素会影响其拼接精度,扫描时将两种标靶置于隧道内的同一位置。用 Cyclone 内处理软件进行隧道点云拼接,可评定出标靶的误差等信息,计算结果如表 3-1 所示,基于平面标靶和球形标靶进行拼接的误差如表 3-2 所示。

标靶误差评定表(单位:mm) 表 3-1

球形标靶编号	误差	误差向量	水平误差	纵向误差	平面标靶编号	误差	误差向量	水平误差	纵向误差
S1-1	2	(2,0,0)	2	0	S4-1	1	(1,−1,0)	1	0
S1-2	0	(0,0,0)	0	0	S4-2	0	(0,0,0)	0	0
S1-3	2	(−2,0,0)	2	0	S4-3	0	(0,0,0)	1	0
S2-1	1	(1,−1,0)	1	0	S5-1	1	(1,−1,0)	1	0
S2-2	2	(−2,0,0)	2	1	S5-2	1	(1,1,0)	1	0
S2-3	1	(1,1,0)	1	0	S5-3	0	(0,0,0)	0	0
S3-1	0	(0,0,0)	0	0	S6-1	1	(1,−1,0)	1	0
S3-2	0	(0,0,0)	0	0	S6-2	0	(0,0,0)	0	0
S3-3	0	(0,0,0)	0	0	S6-3	1	(1,−1,0)	1	0

基于平面标靶和球形标靶拼接的误差表(单位:mm) 表 3-2

	平面标靶				球形标靶			
标靶编号	拼接误差	标靶编号	拼接误差	标靶编号	拼接误差	标靶编号	拼接误差
N1-1	0	N4-1	1	S1-1	2	S4-1	1
N1-2	1	N4-2	1	S1-2	0	S4-2	0
N1-3	1	N4-3	2	S1-3	2	S4-3	1
N2-1	3	N5-1	1	S2-1	1	S5-1	1
N2-2	4	N5-2	1	S2-2	2	S5-2	1
N2-3	1	N5-3	3	S2-3	1	S5-3	0
N3-1	1	N6-1	1	S3-1	0	S6-1	1
N3-2	2	N6-2	1	S3-2	0	S6-2	0
N3-3	1	N6-3	4	S3-3	0	S6-3	1
平均误差	1.61	中误差	1.96	平均误差	0.78	中误差	1.05

从表 3-2 可以看出,球形标靶的拼接精度最大为±2mm,平均误差为±0.78mm,中误差为±1.05mm;平面标靶的拼接精度最大为±4mm,平均误差为±1.61mm,中误差为±1.96mm。

(2) 标靶数量:为研究标靶数量对拼接精度的影响,在相邻两站布设 6 个球形标靶,分别分析出使用 3 个、4 个、5 个、6 个标靶进行拼接的误差如表 3-3 所示。

不同标靶数量的拼接误差表（单位：mm）　　　　　　　　　　　　表 3-3

标靶数量(个)	最大拼接误差	平均误差	中误差
3	2	0.78	1.05
4	2	0.50	0.93
5	2	0.49	0.82
6	2	0.44	0.79

（3）控制点拼接：由式(3-4)解算出控制点坐标，利用全站仪分别测量球形标靶和平面标靶坐标，将标靶坐标导入点云数据，实现每一站点云数据的坐标转化从而完成隧道点云拼接，分析两种标靶分别为点云数据控制点的拼接精度，误差如表 3-4 所示。

基于控制点拼接的误差表（单位：mm）　　　　　　　　　　　　表 3-4

平面标靶为控制点				球形标靶为控制点			
标靶编号	拼接误差	标靶编号	拼接误差	标靶编号	拼接误差	标靶编号	拼接误差
N1-1	1	N4-1	0	S1-1	0	S4-1	2
N1-2	0	N4-2	0	S1-2	1	S4-2	1
N1-3	2	N4-3	0	S1-3	0	S4-3	0
N2-1	1	N5-1	1	S2-1	1	S5-1	1
N2-2	0	N5-2	0	S2-2	0	S5-2	1
N2-3	0	N5-3	1	S2-3	0	S5-3	0
N3-1	1	N6-1	1	S3-1	3	S6-1	0
N3-2	0	N6-2	0	S3-2	2	S6-2	1
N3-3	1	N6-3	0	S3-3	1	S6-3	1
平均误差	0.50	中误差	0.78	平均误差	0.83	平均误差	1.18

从表 3-4 可以看出引入控制点进行拼接时，以平面标靶中心作为控制点最大误差为 ±2mm，平均误差为 ±0.50mm，中误差为 ±0.78mm；基于球形标靶中心为控制点最大的拼接误差为 ±3mm，平均误差 ±0.83mm，中误差 ±1.18mm。

（4）基线长度的误差：在不同拼接方式下分别选取 1-2、3-4、5-6、7-8、9-10 共 5 条基线，以全站仪测量的数据作为似真值与扫描值进行比较，各基线的误差如表 3-5 所示。

基线长度的误差表　　　　　　　　　　　　表 3-5

基线标号	1-2	3-4	5-6	7-8	9-10
似真值(m)	10.6432	11.7826	10.4536	20.5672	18.4357
扫描值1(m)	10.6436	11.7831	10.4542	20.5688	18.4371
差值1(mm)	0.4	0.5	0.6	1.6	1.4
扫描值2(m)	10.6437	11.7834	10.4542	20.5693	18.4376
差值2(mm)	0.5	0.8	0.6	2.1	1.9
扫描值3(m)	10.6435	11.783	10.4538	20.5677	18.4363
差值3(mm)	0.3	0.4	0.2	0.5	0.6

续表

基线标号	1-2	3-4	5-6	7-8	9-10
扫描值 4(m)	10.6436	11.783	10.4541	20.5685	18.4369
差值 4(mm)	0.4	0.4	0.5	1.3	1.2

注：似真值—全站仪测量值；扫描值1—球形标靶拼接；扫描值2—平面标靶拼接；扫描值3—平面标靶为控制点；扫描值4—球形标靶为控制点。

从表3-5可以得出基于球形标靶拼接时基线最大误差为±1.6mm；基于平面标靶拼接时基线的最大误差是±2.1mm；基于控制点进行拼接时，以球形标靶中心作为控制点基线最大误差为±1.3mm，以平面标靶中心作为控制点基线最大误差为±0.6mm。

3.5.3 结果分析

（1）标靶类型：由表3-2可以看出基于球形标靶进行拼接的精度高于基于平面标靶拼接的精度。由于三维激光扫描仪扫描物体时的入射角受到反射表面位置的影响，因此目标反射表面的倾斜程度会引起激光点的偏差并影响点云扫描的质量。JavierRoca-Pardiñas分析出入射角与误差关系，当角度大于65°时，误差开始急剧上升[9]。在狭长隧道结构中，对于平面标靶较难保证整个标靶区域与扫描激光束基本垂直，所以基于平面标靶拼接的精度相对较低；球形标靶通过扫描局部区域拟合出的球心坐标准确度较高，所以受扫描角度影响程度较小，拼接精度较高，并且在扫描过程中发现球形标靶比平面标靶较易识别。综合以上原因得出，在狭长隧道结构中基于球形标靶拼接的精度较高。

（2）标靶数量：由表3-3可以看出，随着标靶数量的增多，拼接误差越来越小，但是同时也大大增加了工作量，试验证明超过4个标靶时误差减少的不太明显，从成本、工程量等综合因素考虑，在满足工程精度的前提下，建议使用4个标靶进行工程拼接。

（3）拼接方式对比：将4种拼接方式从标靶平均误差、中误差和基线长度误差等方面进行了对比。图3-10为不同拼接方式下各标靶的误差，表3-6为不同拼接方式的标靶误差，图3-11为不同拼接方式的基线长度误差。

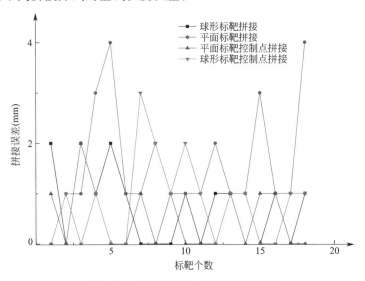

图3-10 不同拼接方式的误差对比图

不同拼接方式的标靶误差表（单位：mm）　　　　表 3-6

拼接方式	最大拼接误差	平均误差	中误差
平面标靶拼接	4	1.61	1.96
球形标靶拼接	2	0.78	1.05
平面标靶为控制点	2	0.50	0.78
球形标靶为控制点	3	0.83	1.18

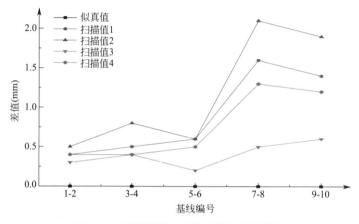

图 3-11　不同拼接方式的基线长度误差图

从两种评定误差的方式可以看出，拼接精度由高到低的拼接方式依次为：基于控制点拼接、基于球形标靶拼接、基于平面标靶拼接。选择平面标靶中心为控制点比球形标靶精度高是因为全站仪可以直接测量平面标靶中心坐标，而球形标靶的坐标只能间接获得。基于控制点进行拼接精度高的原因有：（1）通过建立控制网，利用整体平差，使标靶的坐标精度得到了保障。（2）通过外部控制网的建立，每站点云数据直接转换到绝对坐标系，避免了相邻两站拼接误差的积累。由于不可避免的人为因素误差、仪器本身的误差、外界环境原因等造成控制点在进行测量时会存在一些误差，但不可否认，如果控制点测量的精度提高，拼接精度随之会更高。但是基于控制点测量也有一定的缺点，建立的控制网级别越高工作量越大，费用也会增加。而基于球形标靶拼接虽然精度没有基于控制点精度高，但是精度相对也较高而且操作相对简单，工作量也小，如果能满足工程精度要求，建议工程中使用球形标靶拼接。

3.6　小结

首先，介绍了点云数据的拼接原理。点云拼接常用的方法有三种，即：基于点信息拼接法、七参数转换法、坐标转化拼接法。

其次，介绍了地铁隧道的点云拼接，分析了影响隧道点云拼接精度的因素，从标靶类型、分布范围与标靶数量及控制点拼接等方面进行详细说明，为后期解译提供支持。

再次，介绍了对拼接后点云处理的一些常用方法，包括点云中的去噪方法和简化过程。

最后，对案例三的曲线隧道采集到的数据，以不同方式进行数据预处理，获得结果显示拼接精度由高到低的拼接方式依次为：基于控制点拼接、基于球形标靶拼接、基于平面标靶拼接，并分析了基于控制点进行拼接精度最高的原因。

参考文献

[1] 张瀚，高飞. 一种点云配准新方法在隧道变形监测中的应用研究［J］. 信息通信，2016（5）：21-23.

[2] CHEN Y, MEDIONI G. Object modeling by registration of multiple range images［C］// IEEE International Conference on Robotics and Automation，1992.

[3] ZHANG Z. Iterative point matching for registration of free-form curves and surfaces［J］. International Journal of Computer Vision，1994，13（2）：119-152.

[4] BESL P J, MCKAY N D. A method for registration of 3-D shapes［J］. IEEE Transactions on Pattern Analysis & Machine Intelligence，2002，14（2）：239-256.

[5] 段龙飞，李培现，李雪松，等. 三维激光扫描仪测量精度的快速检查方法［J］. 煤矿开采，2016，21（2）：114-117.

[6] 王研等. 地面三维扫描仪标靶拼接误差分析［J］. 测绘技术装备，2015，17（4）：92-93.

[7] 王金强，方源敏，邓得标. 基于同名控制点的三维激光点云配准［J］. 科学技术与工程，2012，12（1）：16-18.

[8] 王博群. 基于三维激光扫描技术的地铁隧道断面提取及应用研究［D］. 北京：北京工业大学，2019.

[9] ROCA-PARDIÑAS J, ARGÜELLES-FRAGA R, LÓPEZ F D A, et al. Analysis of the influence of range and angle of incidence of terrestrial laser scanning measurements on tunnel inspection［J］. Tunnelling and Underground Space Technology incorporating Trenchless Technology Research，2014，43（7）：133-139.

4 地铁隧道断面提取

4.1 隧道空间姿态信息

4.1.1 快速提取隧道断面的重要性

隧道断面测量是隧道施工和竣工验收中必须进行的测量工作,无论是隧道施工还是竣工过程中的断面验收、隧道轴线平面位置和高程偏差的测量、衬砌结构侵入建筑限界、衬砌环椭圆度、衬砌环内错台、衬砌环间错台检测都是在隧道横断面二维的基础上进行分析,因此获取隧道不同里程的断面是隧道病害检测的基础。《城市轨道交通工程测量规范》GB/T 50308—2017 中要求隧道断面测量间距为:曲线段5m、直线段6m测一个断面。截至 2021 年,中国有 50 个城市拥有地铁,总里程达到 7000 多千米。以每 6m 测量一个断面进行计算,共需要检测百万个断面,而传统的检测手段,基于全站仪+水准仪+强光手电每 30min 测量断面 2~4 个,要想完成百万个断面的测量工作量极大。因此,本研究旨在提供一种基于高效、高密度、高精度的点云数据提取盾构隧道断面的方法,对指导盾构隧道施工和竣工验收以及运营期的维护工作将有重要的应用价值。

无论是隧道施工过程中的超欠挖分析、变形监测、竣工过程中的断面验收还是运维期间的变形监测分析,最重要的就是要获取隧道不同里程的断面。在此过程中,需要精确得到隧道在不同里程的空间姿态信息(即轴线走向),以保证在该处截取的断面方向与隧道的轴线方向正交,众多学者把隧道的空间姿态信息表示为隧道的中轴线,认为隧道中轴线在整个隧道断面截取和后续分析过程中起着重要的作用。

4.1.2 空间姿态信息常用提取方法

曲线隧道的中轴线是一条表达隧道姿态和走势的空间曲线,因隧道断面点云需与隧道中轴线处处垂直,所以中轴线的准确性影响着隧道点云数据的后续处理。目前提取隧道中轴线的方法很多,例如:陆步云[1]采用数理统计随机抽样的方法,对隧道轴线数据进行分析计算,从而达到对隧道中轴线的控制;李双[2]基于三维不变矩的方法提取隧道中轴线,最终实现隧道空间中轴线的建立;黄祖登[3]等基于局部曲面拟合的方法提取。但使用较多、方法较成熟的则是双向投影法,卢小平[4]、托雷[5]、朱宁宁[6]、王保前[7]、程效军[8]通过投影的方式,基于随机采样一致性算法提取中轴线。

目前常用的隧道中轴线的提取方法是双向投影法[4,9,10]、圆柱面拟合提取法[11-12]、点云法向量法等,由于圆柱面拟合提取法仅适用于圆形隧道,不具有通用性,这里不做介绍。

4.1.2.1 双向投影法

目前大多数学者还是基于双向投影法进行点云数据断面的提取,本书针对双向投影法进行简要的概述。

双向投影法的基本原理如图 4-1 所示。

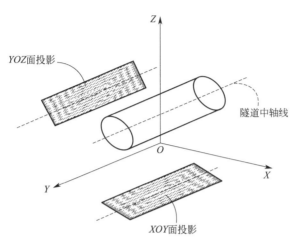

图 4-1 双向投影法的基本原理

具体提取过程:将隧道点云数据投影到 YOZ 面和 XOY 面上后,利用 YOZ 面隧道边界点的点云数据,求出隧道中轴线的点云数据,进而求解出隧道中轴线方向向量与 YOZ 面 Y 坐标轴的夹角;同理,利用 XOY 面隧道边界点的点云数据,求出隧道中轴线的点云数据,进而求解出隧道中轴线方向向量与 XOY 面 X 轴的夹角;最终,进行隧道点云数据坐标的转换,隧道断面的提取(图 4-2)。

双向投影法提取隧道中轴线的方法易操作,但这种方法具有一定的局限性,只利用了隧道边界的点云,由于投影后隧道边界点云的数量相对于总体数量较少,极易受提取边界点云的误差和噪声点的影响,产生较大误差。

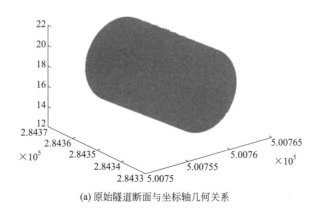

(a) 原始隧道断面与坐标轴几何关系

图 4-2 隧道点云投影示意图(一)

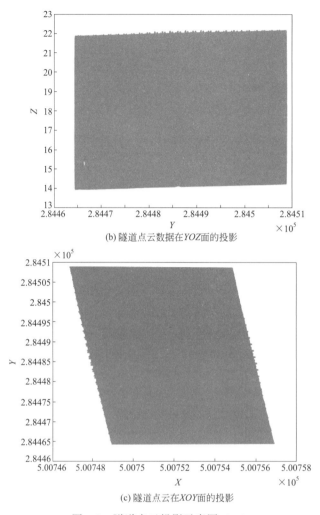

(b) 隧道点云数据在YOZ面的投影

(c) 隧道点云在XOY面的投影

图 4-2　隧道点云投影示意图（二）

4.1.2.2　点云法向量法

点云法向量法是基于点云法向量来提取隧道空间信息的方法，该方法提取的是隧道任意里程轴线方向对应的向量值，利用的是隧道在该里程附近的绝大多数点云数据。目前，点云法向量在模型构建中运用也越来越多，点云的法向量是点云中任意一点与周围点云所成平面的法向量。通过对隧道断面点云的几何特征与隧道的空间位置关系可以发现：隧道的断面、断面点云的法向与隧道在该断面处的轴线方向有着固定的几何关系，如图 4-3 所示。隧道断面附近点云的法向量 n 与该断面 M 在同一平面内，同时该断面处的轴线方向（断面法向量）垂直于断面所在平面 M，即隧道断面点云的法向量 n 垂直于该断面处的轴线方向。因此，可以通过对断面点云上每个点的法向量平面拟合得到隧道在该断面处的轴线方向值。

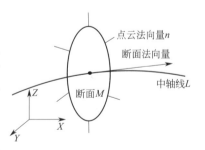

图 4-3　隧道点云断面与法向量关系

4.1.2.3 空间切割理论

目前众多学者对三维激光扫描在盾构隧道中断面提取方面进行了大量的研究，如王博群[14]、朱宁宁[6]等，前者基于空间法向量算法提取断面，但提取隧道横断面的过程过于复杂，计算时间较长，且对计算机配置要求很高，计算向量分量时必须对点云进行稀释，没有充分利用高精度的海量点云数据。朱宁宁通过点云在水平面上投影后搜索的上下边缘点分别拟合二次曲线求均值得隧道中轴线，然后以中轴线正交方向截取断面，但是空间点云数据需经过多次投影以及线性拟合。

将隧道的整体点云数据转换到绝对坐标系后，通过对隧道断面点云的几何特征与隧道的空间位置关系研究发现：由于成型竣工期的盾构隧道变形小，隧道点云数据接近圆柱体，点云数据的轴线方向与坐标轴存在固定的几何关系，如图 4-2(a) 隧道断面与坐标轴几何关系所示。

通过圆柱体与平面相交的空间关系发现：（1）若该平面与圆柱体截交线的点云数据为圆形，则该平面与隧道点云垂直，直接合理设置点到平面的距离截取任意里程下的隧道点云横断面［图 4-4(a)］；（2）若该平面与圆柱体截交线的点云数据为非圆形，说明平面的法向量与隧道的轴线方向向量存在夹角，即隧道点云数据与预设平面不正交，需要将隧道点云进行旋转后才能进行断面提取，如图 4-4(b) 所示。

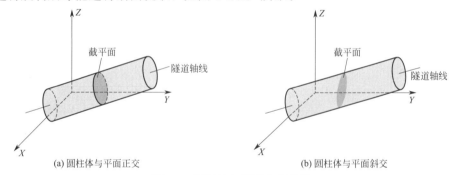

图 4-4　圆柱体与平面空间关系

4.2　基于双向投影法的曲线隧道中轴线与断面点集提取

案例三中的曲线隧道采用基于 RANSAC 算法并结合最小二乘法进行边界参数方程估计提取中轴线。

采集到原始点云数据后，需要进行去噪、拼接等一系列数据预处理，此后才可根据预处理所得结果和提取的信息进行隧道中轴线的提取和隧道纵断面的截取。其中，曲线隧道中轴线的提取过程依次为：将三维隧道点云进行双向投影、提取投影边界点、拟合边界曲线、寻找中心线上的点及拟合中心线；对于曲线隧道，为了快速准确地提取隧道断面，提出点缓冲区和面缓冲区的概念，提取断面则包括划分点缓冲区、调整点缓冲区姿态、提取面缓冲区、提取断面点云以及剔除噪声点等步骤，流程图如图 4-5 所示。

4.2.1　RANSAC 算法

1981 年 Fischler 和 Bolles 提出一种应用非常广泛的鲁棒模型估计算法——随机采样

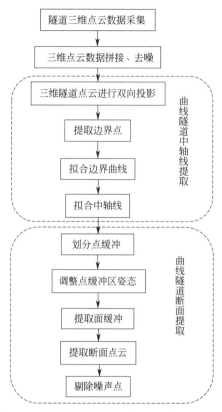

图 4-5　曲线隧道中轴线和断面的提取流程图

一致性算法（RANSAC），此算法可以在大量噪声情况下，排除噪声点准确提取物体中所需的数据，被誉为数据处理的一种经典算法。最小二乘法是根据一个特定的目标方程来估计的，通过改进模型参数，最大限度地满足给定条件。最小二乘法基于平滑假设，即不考虑指定数据集的量，通过计算最小均方差关于参数 a、b 的偏导数为零时的值，保证有较多的准确数据来排除异常数据的影响。但最小二乘法仅适合噪声较小的数据，并且这种方法没有排除异常数据的功能，且在很多情况下平滑假设根本不能成立，若数据中包含大量的不真实数据，此方法将不再适用。

RANSAC 算法抗差性如图 4-6 所示。图 4-6 中大部分点显然是满足某条曲线方程的，另外的一些点纯为噪声点。此算法的作用是在噪声点数据量相当多的情况下，可以排除噪声点找到目标曲线方程。用最小二乘法得到的曲线方程大约会在图中曲线位置偏下一点，而 RANSAC 算法则可以避免噪声点的影响选择最优拟合曲线，本算法非常适合从杂乱点云中找到所需要的目标物体。RANSAC 算法有很多优点，例如稳定、可靠、精度高，并且对噪声和特征提取不准确有很好的抗差能力，噪声点可以任意分布，甚至噪声点的数量可以远远大于目标信息，并且鲁棒性较强，例如它可以从含有大量局外点的数据中估算出高精度的参数。当获得的数据有 80% 以上为错误数据时，选用 RANSAC 算法的计算结果优于最小二乘法。但这种算法有两个缺点：第一必须先指定一个适合的容许误差；第二收敛条件需要预先指定迭代次数，否则它对计算参数的迭代次数没有上限。基于 RANSAC 算法得到的是具有一定概率的可信模型，该概率大小与迭代次数呈正比。

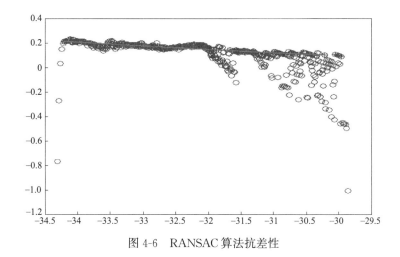

图 4-6　RANSAC 算法抗差性

RANSAC 算法流程图如图 4-7 所示。

4.2.2　基于双向投影法提取曲线隧道中轴线

隧道的中轴线是空间曲线，计算比较复杂，本试验通过降维，即将三维点云数据向二维平面进行投影，提取各二维面的中轴线，从而表示出隧道空间中轴线。以提取 XOY 二维面（YOZ 二维面的中轴线提取，同理）的中轴线为例进行详细介绍，具体步骤如下：

（1）将隧道点云进行双向投影，分别投影至 XOY 和 YOZ 平面。隧道点云坐标系的建立是以扫描仪中心为原点，沿隧道走向为 Y 轴，与 Y 轴同一水平面并且垂直于 Y 轴的为 X 轴，Z 轴垂直于 XOY 平面，如图 4-2 所示，将隧道的三维点云数据向 XOY 面进行投影。

（2）提取投影点云的边界点。将投影后的点云沿 Y 轴分成若干段，分别筛选出每一段的高低点 X_{max}、X_{min} 作为此段的边界点。

（3）拟合边界曲线。由于隧道壁不光滑或受空气湿度的影响，导致投影后的隧道边界上存在很多噪声，故采用抗噪效果较好的随机抽样一致性（RANSAC）算法和最小二乘法来进行边界曲线方程的参数估计，拟合出边界曲线。

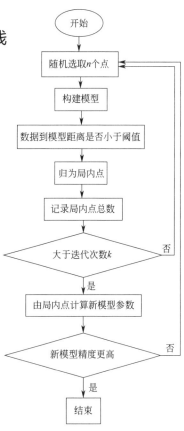

图 4-7　RANSAC 算法流程图

（4）拟合投影点云的中线。在其中的一条边界曲线上等间隔选择点集 S1，并计算点集中每一点在其法线方向上与另一条边界曲线的交点组成点集 S2，在另一条边界线上作同样的处理得到点集 S3、S4，然后由（S1+S2）/2、（S3+S4）/2 组成点集 S_{XOY}，最终采用 RANSAC 算法和最小二乘法拟合出隧道投影在 XOY 面上的中轴线。

中轴线提取过程见图 4-8。

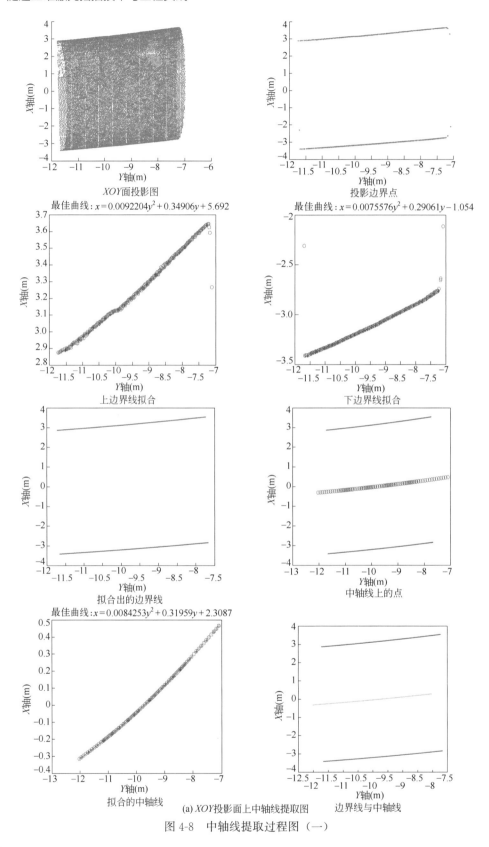

(a) XOY 投影面上中轴线提取图

图 4-8 中轴线提取过程图（一）

4 地铁隧道断面提取

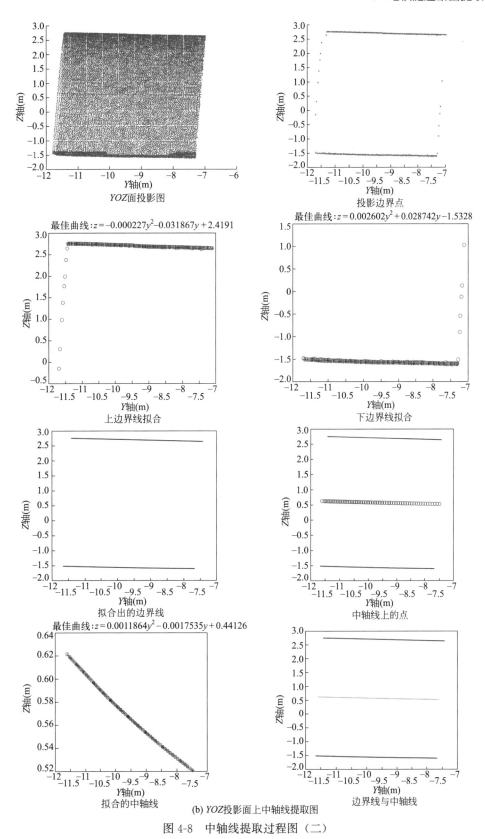

(b) YOZ投影面上中轴线提取图

图 4-8 中轴线提取过程图（二）

4.2.3 曲线隧道横断面点集的提取

4.2.3.1 点缓冲形成

首先在已提取的中轴线上确定需监测断面的位置，计算出断面位置处中轴线的切向量 N_i，所提取的断面与 N_i 垂直（图4-9），假设隧道某一断面在 XOY 面投影与 Y 轴夹角为 φ，在 YOZ 面投影与 Y 轴夹角为 Φ，如图4-10所示。为了便于提取断面点云，需将提取断面与 Y 轴垂直，通过旋转矩阵基于相应角度分量进行姿态调整[15]，为了保证截取断面位置的法线方向与 Y 坐标轴的方向一致，截取断面需要绕 Z 坐标轴旋转角度值 φ 和绕 X 坐标轴旋转角度值 Φ。

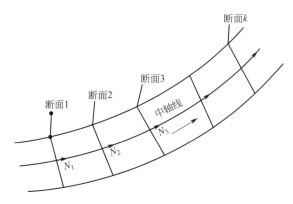

图4-9 提取的断面位置图

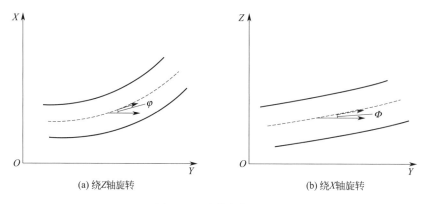

图4-10 隧道姿态调整

由于曲线隧道中轴线的斜率在各处不同，为确保提取的断面垂直于中轴线，每提取一个断面就要对整个隧道的所有点云都旋转一次，这样计算效率极低，为了提高旋转速度，提出隧道点云点缓冲区的概念。点缓冲区实质是：根据待截取的断面数量对隧道点云进行分块，其目的是为了提高数据处理的速度。首先根据待截取的断面数量 n 和断面位置，在中轴线方程上计算出对应位置的坐标 (x_n, y_n, z_n)，然后搜索距离坐标 (x_n, y_n, z_n) 一定距离范围 R（R 为缓冲区的半径如图4-11所示，其中 h 为隧道的高，l 为隧道的宽，R 的大小可根据实际情况确定）内的点集 Φ_i，Φ_i 可表示为：

$$\Phi_i = \{(x,y,z,) \mid \mid \sqrt{(x-x_i)^2+(y-y_i)^2+(z-z_i)^2} \leqslant R\} \tag{4-1}$$

构成每个断面的点缓冲区如图 4-12 所示。

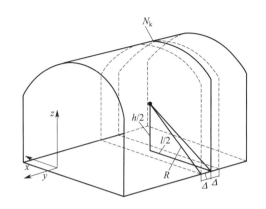

图 4-11 缓冲区半径

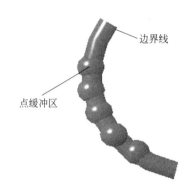

图 4-12 断面缓冲区的示意图

4.2.3.2 点缓冲区点云旋转

点缓冲区形成以后，如上文所述为保证截取断面位置的法向与 Y 坐标轴的方向一致，需要将点缓冲区内的点云集 Φ_i 旋转两次，对于隧道点缓冲区内点云 $[x_i, y_i, z_i]^T$ 和截取点 $[x_n, y_n, z_n]^T$ 按如下步骤变换后所得相应的坐标为 $[x_i', y_i', z_i']^T$ 和 $[x_n', y_n', z_n']^T$：

$$\begin{bmatrix} x_i' \\ y_i' \\ z_i' \end{bmatrix} = \begin{bmatrix} \cos\varphi & \sin\varphi & 0 \\ -\sin\varphi & \cos\varphi & 0 \\ 0 & 0 & 1 \end{bmatrix} \begin{bmatrix} 1 & 0 & 0 \\ 0 & \cos\phi & \sin\phi \\ 0 & -\sin\phi & \cos\phi \end{bmatrix} \begin{bmatrix} x_i \\ y_i \\ z_i \end{bmatrix} \tag{4-2}$$

$$\begin{bmatrix} x_n' \\ y_n' \\ z_n' \end{bmatrix} = \begin{bmatrix} \cos\varphi & \sin\varphi & 0 \\ -\sin\varphi & \cos\varphi & 0 \\ 0 & 0 & 1 \end{bmatrix} \begin{bmatrix} 1 & 0 & 0 \\ 0 & \cos\phi & \sin\phi \\ 0 & -\sin\phi & \cos\phi \end{bmatrix} \begin{bmatrix} x_n \\ y_n \\ z_n \end{bmatrix} \tag{4-3}$$

4.2.3.3 提取断面点云

根据书中前述算法提取得到曲线隧道的中轴线，并根据提取断面的位置计算出对应位置在中轴线上的坐标点 $[x_n, y_n, z_n]^T$，再根据中轴线方程公式计算出坐标 $[x_n, y_n, z_n]^T$ 处的切向量 $[1, k_{nxoy}, k_{nyoz}]^T$，然后根据切向量将每一点缓冲区内的点云进行旋转使得待提取的断面垂直于某一坐标轴，假设为 Y 轴，理论上此时给定一个 y 值就对应一个断面，但是由于点云是离散的，对于一个断面（$y=y_a$），实际上激光点云不一定落在此断面上，一般一个 y_a 值仅对应某些少量点 $[x_i, y_a, z_i]^T$，此时需要设定一个最佳面缓冲区 Δy，将提取的面缓冲区内点云参考 Han[16] 的方法［式(4-4)、式(4-5)］计算出断面上的点，如图 4-13 所示。面缓冲区厚度 Δy 直接影响断面点云提取结果的准确性，一方面 Δy 过小时，生成的断面上的激光点云由于数量不足导致此断面点云变形量不能准确计算出来；另一方面若 Δy 过大，从曲线隧道提取的断面点云中包含许多不属于该断面的点云，且 Δy 越大不属于该断面的点云数量越多，若断面附近有其他噪声点时，误差将会更大。因此，Δy 精确取值对于提取断面的精度是十分关键的。

$$x=\frac{x_i(y_j-y_a)-x_j(y_i-y_a)}{y_j-y_i} \tag{4-4}$$

$$z=\frac{z_i(y_j-y_a)-z_j(y_i-y_a)}{y_j-y_i} \tag{4-5}$$

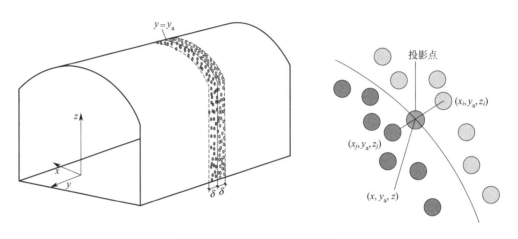

图 4-13　面缓冲区点云投影图

注：y_a 为所截取断面的坐标值；(x_i,y_i,z_i)、(x_j,y_j,z_j) 分别为断面两侧的点云；(x,y_a,z) 为所提取断面上的点。

4.2.4　曲线隧道横断面提取

4.2.4.1　基于双向投影法拟合隧道中轴线

首先将点云数据导入 MATLAB 中，采用第 4.2.2 节算法分别拟合在 XOY 平面和 YOZ 平面上的两条中心线，以此来表示隧道在水平和竖直方向的姿态和走向，具体步骤如图 4-8 所示。

4.2.4.2　缓冲区的形成

提取曲线隧道中轴线后，采用第 4.2.3.3 节中的方法隧道自动获取断面点集，每隔 5m 截取一个横断面。首先在中轴线上设置断面的起始点、截取间隔和缓冲区半径，计算得到每个断面的点缓冲区，由此完成了对整个隧道的分块过程。将每一点缓冲区内的点云根据中轴线上拟提取横断面处的切向量 $[1, k_{nxoy}, k_{nyoz}]^T$ 进行旋转使之垂直于 Y 轴，对整个隧道的分块是为了便于旋转点云，从而提高断面点集获取的速度，将所有点缓冲区点云旋转后再进行断面点云的提取。

4.2.4.3　最佳面缓冲区厚度

在扫描试验隧道（案例三）时，扫描仪的分辨率设置为中分辨率 1mm，但是若在外业条件允许的情况下，应当将扫描仪设置高分辨率 0.5mm，这样扫描隧道获取的点云数据对断面提取更为有利，也能更真实地反映变形量。基于曲线隧道的点云数据，研究面缓冲区厚度 δ_y 对断面提取的影响，在面缓冲区厚度阈值 δ_y 取值依次为 0.5mm、1mm、2mm、3mm、4mm、5mm、6mm、7mm、8mm、9mm、10mm 的断面进行精度验证，对于提取的断面每隔 10°（建立断面极坐标系如图 4-14 所示）选取一个采样点计算和统计误差。具体的对比分析方法为：将三维激光扫描仪计算的采样点变形量同全站仪监测的同一采样点的变形量进行对比，把全站仪的监测结果作为采样点的真实变形量，计算并统计不同面缓冲区厚度时扫描仪的测量精度，最终得出最佳面缓冲区厚度。

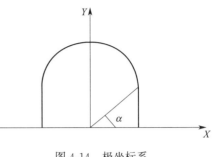

图 4-14 极坐标系

图 4-15 为不同面缓冲区厚度提取的断面点数量与对应的变形量，图 4-16 说明了测量点位移和实际点位移均方根（Root-mean-square 值）与断面提取时面缓冲区厚度阈值 Δy 的函数。由图 4-15、图 4-16 可以看出：当面缓冲区厚度较小时，所提取的断面包含的点数量较少，提取的隧道断面没有足够数量的点，并且在提取断面时也会产生更大的噪声，所以得到的变形误差较大；随着面缓冲区厚度的增加，提取的断面上的点数量不断增加，同时误差不断减小；但是误差不会随着面缓冲区厚度的增加而一直减小，当面缓冲区厚度大于某一值时，噪声点不断增加。曲线隧道提取的断面点在投影时也会产生较大噪声误差，并且随着面缓冲区厚度的增加断面上的变形点数量随之增加，这就大大增加了计算量。为了保证变形精度的可靠性同时提高计算效率，本次试验的最佳面缓冲区厚度 $\delta=4$mm，图 4-17 为 $\delta=4$mm 时提取断面的面缓冲区图，最终提取到的断面点云图如图 4-18 所示，图 4-19 为当阈值为 4mm 时激光扫描仪获取的断面变形量与全站仪监测变形量的误差值，此时的测量点精度在±3mm 以内，用此方法断面提取的测量点精度符合工程上的要求。

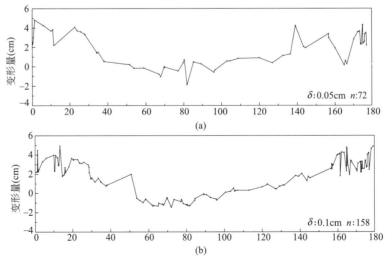

图 4-15 1~11 断面变形量（一）

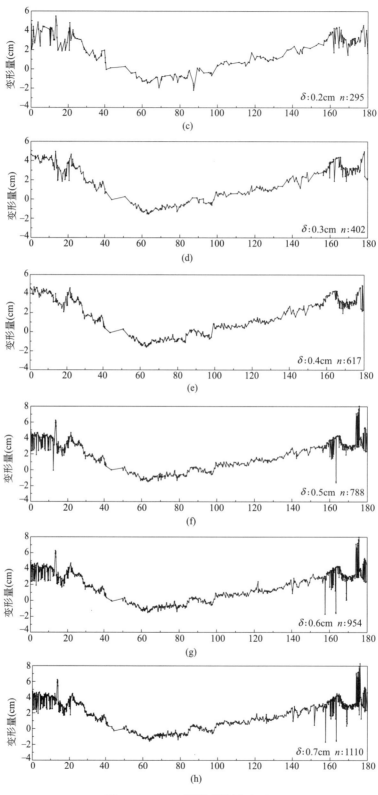

图 4-15 1～11 断面变形量（二）

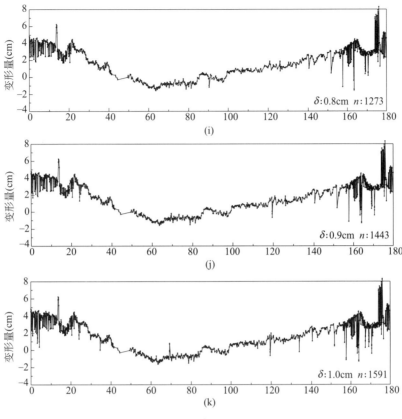

图 4-15 1～11 断面变形量（三）

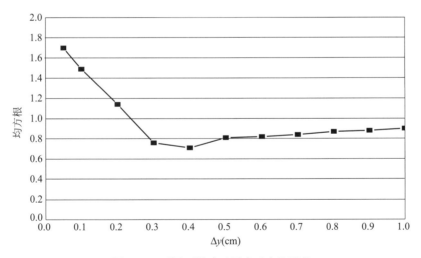

图 4-16 不同面缓冲区厚度对应的误差

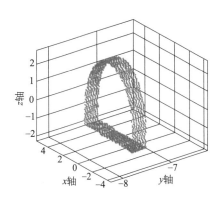

图 4-17 断面的面缓冲区

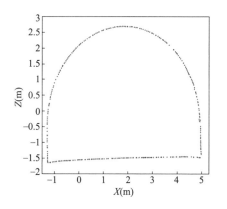

图 4-18 提取的断面点云图

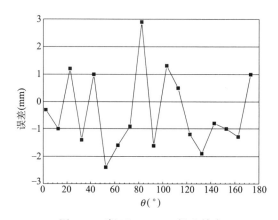

图 4-19 断面 $\delta=4$mm 提取精度

4.3 基于点云法向量提取空间姿态信息及断面

4.3.1 空间姿态信息提取

4.3.1.1 改进点云法向量

通过断面附近的点云可以拟合得到隧道中轴线在该断面处的方向值，进而求出断面所在的平面方程。由于点云法向量计算结果的精度最终会影响断面轴线方向的精度，并且在点云中难免存在较多影响结果的噪点，因此在点云法向量计算过程中做出以下几个方面的改进：

（1）由于点云数据在处理之前需要进行去噪和简化，可能会造成点云分布不均的现象，因此在对截取点云的每个点进行边缘点云搜索时，采用空间定向 K 近邻[17] 计算方法，这样获取的点分布比较均匀，能够比较准确地反映该点周围的空间信息，在此定义的点云法向量为计算点与搜索邻近的 7 个点所拟合平面的法向量，如图 4-20 所示；

（2）由于计算点云中边缘点的近邻点都位于该点的同一方向上，较稀疏点云区域点间距较大，会使结果出现较大误差，因此在计算过程中需要把边缘点云和稀疏点云剔除掉，如图 4-21 所示；

（3）在所需拟合平面的 8 个点中，对结果影响最大的点是计算的节点，为了体现出不同点对结果的影响性不同，因此借助反距离加权算法[18]：近邻点与计算节点的距离越远，对计算点的平面拟合结果影响越小，本书采用计算节点的权重为 2，其他点的权重设为 1 的方法，相当于计算节点本身在平面拟合过程中使用两次，其他 7 个点使用一次。

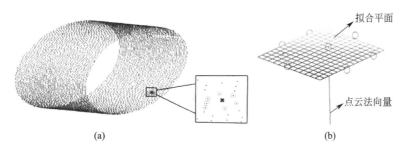

图 4-20　近邻点云搜索与点云法向量平面拟合图

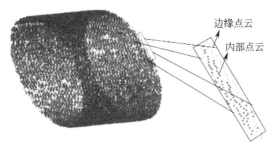

图 4-21　边缘点云示意图

得到每个节点对应的近邻点后，通过总体最小二乘法（TLS）进行线性拟合，得到每个节点对应的法向量 $\vec{P}=(x, y, z)$，由几何关系可知：每个节点对应的法向量与断面法向量是互相垂直的，设断面所在平面的法向量 $\vec{n}=(1, a, b)$，如图 4-22 所示。

由 $\vec{n} \perp \vec{P}$，则有：

$$x+ay+bz=0 \Rightarrow ay+bz=-x \quad (4-6)$$

写成矩阵形式可表示为：

$$\begin{bmatrix} y & z \end{bmatrix} \begin{bmatrix} a \\ b \end{bmatrix} = -[x] \quad (4-7)$$

设断面上 n 个点对应的法向量分别为 (x_1,y_1,z_1), (x_2,y_2,z_2),……,(x_n,y_n,z_n)，则上式可表示为：

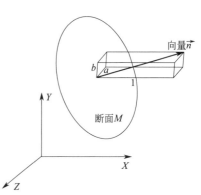

图 4-22　断面法向量示意图

$$\begin{bmatrix} y_1 & z_1 \\ y_2 & z_2 \\ \vdots & \vdots \\ y_n & z_n \end{bmatrix} \begin{bmatrix} a \\ b \end{bmatrix} = -\begin{bmatrix} x_1 \\ x_2 \\ \vdots \\ x_n \end{bmatrix} \quad (4-8)$$

令

$$A = \begin{bmatrix} y_1 & z_1 \\ y_2 & z_2 \\ \vdots & \vdots \\ y_n & y_n \end{bmatrix} \quad (4\text{-}9)$$

$$X = \begin{bmatrix} a \\ b \end{bmatrix} \quad (4\text{-}10)$$

$$B = -\begin{bmatrix} x_1 \\ x_2 \\ \vdots \\ x_n \end{bmatrix} \quad (4\text{-}11)$$

要想拟合得到向量 X，需使 $\varphi(X) = \|AX - B\|$ 取得最小值。从而求得该断面所在平面的法向量 $(1, a, b)$。断面的法向量即为中轴线在该断面处的分向量，可以表达该断面的空间姿态信息，通过断面法向量计算断面平面方程，从而进行断面的提取。

4.3.1.2 点云法向量计算过程

将获取的隧道点云数据导入到 MATLAB 平台中，采用点云法向量提取隧道空间姿态信息的计算过程获取每个里程对应断面的轴线方向值，具体过程如下：

（1）根据里程坐标，初步选取点云（图 4-23）；

（2）采用空间定向 K 近邻的计算方法获取每个点的邻近点（图 4-21）；

图 4-23 初步选取点云

（3）通过点云间距来判断点云稀疏区域和边界点云区域，这些区域的点云不计入点云平面拟合过程中（图 4-21）；

（4）采用反距离加权算法对每个节点进行平面拟合 [图 4-20(b)]；

（5）得到所有点的法向量，按照节点的法向量与断面法向量垂直的关系，运用最小二乘算法进行断面法向量的计算。

图 4-24 为经过改进后的点云法向量计算结果图，图中每条直线代表每个点的点云法向量，此处未区别直线的方向性。

4 地铁隧道断面提取

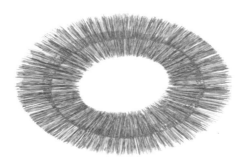

图 4-24　点云法向量计算结果图

为了验证上述方法的可行性和精确性，书中采用一组仿真隧道点云数据进行了验证分析。受地质条件、既有隧道、周边建筑物基础等的影响，大多隧道设计成具有一定弧度的曲线隧道，因此建立了一条曲线半径 $R=300$m、纵向坡度为 1‰、可以求得任意里程轴线方向的曲线隧道点云模型，通过几何方程求得任意里程的轴线方向，对模型进行点云数据的采样，并且通过人工添加一些附属物噪声点和随机分布的离散点云来模拟真实隧道点云，如图 4-25 所示。

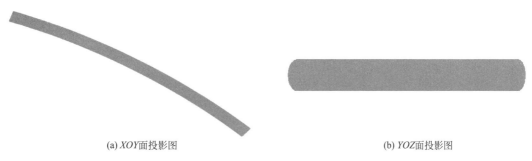

(a) XOY面投影图　　　　　　　　　　　　(b) YOZ面投影图

图 4-25　仿真隧道点云图

通过模型的设计坐标截取某一里程附近的点云数据，分别运用原始和改进后的点云法向量计算方法（下文记为原始算法和改进算法）进行隧道轴线方向的计算，为了评价噪声对两种方法计算结果的影响程度，以后期加入的噪声点与隧道壁点的个数百分比作为噪声尺度因子，参与计算的隧道壁点云的个数为 7 万个，分别以点云个数的 5%（3500 个）、10%（7000 个）、15%（10500 个）、20%（14000 个）、25%（17500 个）、30%（21000 个）作为噪声点随机加入到隧道点云数据中，通过两种方法计算轴线方向。利用轴线方向设计值与计算值的夹角（即轴线角度偏差）来评价计算精度，计算结果如表 4-1 和图 4-26 所示。数据计算、处理都在 MATLAB 软件平台下实现。

轴线角度偏差与噪声尺度关系统计表　　　　表 4-1

噪声尺度(%)	轴线偏差(°)	
	原始算法	改进算法
0	0.0144	0.0121
5	0.0302	0.0125
10	0.0602	0.0128

续表

噪声尺度(%)	轴线偏差(°)	
	原始算法	改进算法
15	0.1051	0.0133
20	0.1767	0.0198
25	0.2301	0.0308
30	0.3569	0.0494

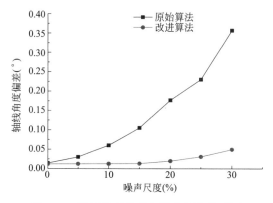

图 4-26 轴线角度偏差与噪声尺度关系图

从表 4-1 和图 4-26 可以看出两种计算方法随着噪声尺度的增加，轴线角度偏差都越来越大，但改进算法的计算结果增加更缓慢，并且在噪声尺度一样的情况下，改进算法的轴线角度偏差更小，这和文献[19]中的规律基本一致。结果证明了改进后的轴线方向计算方法的计算结果更准确，并且随着噪声尺度越来越大，这种效果越来越明显。产生这种现象的原因是：由于在改进算法中，一方面剔除了对结果影响较大的边缘点云和分布不均匀的噪声点；另一方面增加了计算节点的权重，使得在存在噪点的情况下改进算法的计算结果更加接近真实值。

4.3.2 断面提取

4.3.2.1 断面法平面方程的计算

断面提取过程中，需要精确得到隧道不同里程的轴线方向。在曲线隧道中，利用点云的法向量计算隧道不同里程的轴线方向时，如果点云的轴向长度（参与计算点云的厚度）设置过大会导致计算的时间较长，并且求得的轴线方向存在误差；如果设置过小则会使点云的法向量计算结果不准确。此外，点云间距的大小对计算时间和计算结果也产生较大影响，点云间距设置过大会使计算结果不精确但时间短；设置过小会使计算结果精确但计算时间长。因此，在计算隧道不同里程的轴线方向值时，需合理地设置计算点云厚度与点云间距。为了得到一种计算精度较高、耗时较短的计算点云轴向长度和点云间距取值的方法，书中同样利用上述仿真隧道点云数据，分别计算在不同点云轴向长度、不同点云间距时的轴向角度偏差值与计算时间值，计算数据和计算结果分别如表 4-2 和图 4-27 所示。

改进算法计算统计表　　　　　　　　　　　　　　　　　　　　表 4-2

轴线偏差与点云间距、计算点云轴向长度统计(单位:°)							
点云间距(cm)	计算点云轴向长度(cm)						
	100	50	25	12.5	6.5	3.5	2
5	0.0361	0.0911	0.2103	10.25	37.968	49.6	76
4	0.0246	0.0413	0.1455	0.384	24.63	43.36	65
3	0.0125	0.0226	0.0973	0.2016	0.8082	19.36	29.32
2	0.0121	0.0197	0.0437	0.0822	0.1357	1.5229	25.36
1	0.0134	0.0168	0.0179	0.0317	0.0383	0.0584	16.35
计算时间与点云间距、计算点云轴向长度统计(单位:s)							
点云间距(cm)	计算点云轴向长度(cm)						
	100	50	25	12.5	6.5	3.5	2
5	8.74	3.02	1.29	0.66	0	0	0
4	38.97	10.96	3.96	1.81	0.81	0	0
3	129.54	33.03	10.46	4.4	2.25	1.15	0
2	1295	207	51.09	15.5	6.86	4.06	2.48
1	14897	1833	363	92.54	28.77	14.49	10.69

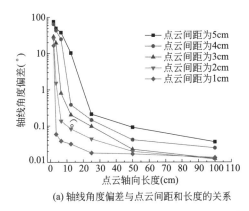

(a) 轴线角度偏差与点云间距和长度的关系　　(b) 计算时间与点云间距和长度的关系

图 4-27　改进算法的计算结果

如果选取的计算点云轴向长度过长,会使计算时间增加很多。因此,书中将选取的计算点云的最大长度设置为 100cm。从图 4-27(a) 可以看出,在点云间距一样时,随着长度的逐渐减少,轴向角度偏差值越来越大;在轴向点云长度一样时,随着点云间距的增大,轴向角度偏差值也越来越大。但点云间距也并非越小越好,由图 4-27(b) 可以看出,随着点云间距的减小,计算时间增加很快;在点云间距一定时,随着点云轴向长度的增加,计算时间增加也很快。因此在利用点云法向量计算隧道轴向方向时,需要综合考虑计算精度和时间的关系,如果将轴向角度偏差值的最大值设为 0.03°,同时将计算时间设定在 50″内,则满足要求的只有两种情况,即点云间距为 3cm 的 50cm 长轴向点云数据和点云间距为 4cm 的 100cm 长轴向点云数据。综合分析建议把点云轴向长度设置为 50~100cm,

若对精度要求较高则把点云间距设置的越小越好；若既考虑精度又考虑计算效率则把点云间距设置为 3~4cm。

在提取隧道不同里程轴线方向后，根据隧道的设计文件得到不同里程断面的设计坐标 $(X，Y，Z)$，利用平面的法向量和设计坐标可得到该平面的方程，如公式(4-12)所示：

$$x-X+a(y-Y)+b(z-Z)=0 \Rightarrow x+ay+bz+D=0 \tag{4-12}$$

利用点到平面的距离进行断面截取，合理设置点到平面的距离 k，根据公式(4-13)进行隧道的断面截取：

$$\frac{|x+ay+bz+D|}{\sqrt{1^2+a^2+b^2}}<k \tag{4-13}$$

4.3.2.2 断面点云的提取方法研究

在直线形隧道中，可以直接利用点云的法向量计算整条隧道的轴线方向；在有一定弧度的曲线隧道中，利用不同里程点云的法向量计算隧道不同里程的轴线方向。在计算过程中，为了达到符合要求的精度和时间要求，要提前设置计算点云的轴向长度和点云间距。因此，为了得到隧道不同里程精确度较高的轴线方向，进而得到精确的断面点云，将根据点云法向量提取隧道不同里程断面的步骤分解如下：

（1）根据计算精度和时间要求确定利用点云法向量提取隧道轴向方向的点云轴向长度 D 和点云间距 d；

（2）将拼接、去噪后的原始点云数据（记为点云 A）按点云间距为 d 进行抽稀，将抽稀后的点云数据另存，记为点云 B；

（3）基于里程点坐标在点云 B 中初步选取点云；

（4）计算选取点云的法向量和该里程的轴线方向进而得到该里程断面对应的平面方程；

（5）将式(4-13)中的 k 设置为 $D/2$，利用该公式进行点云的选取，记为点云 C；

（6）计算点云 C 的点云法向量和该里程的轴线方向得到该里程断面对应的最终平面方程；

（7）在点云 A 中利用最终平面方程和式(4-13)进行断面的最终截取。

为了验证上述计算方法的可靠性，选择工程案例二进行现场试验，用索佳 SET1X 全站仪和徕卡 ScanStation P40 三维激光扫描仪进行点云数据采集，根据现场情况，共扫描了 6 个站点，站间距离约为 10m，相邻测站采用 4 个不在同一条直线上的标靶，现场每站的扫描时间在 10min 左右（包括搬运仪器、架站和扫描）。点云数据的拼接为基于控制点拼接，利用隧道内施工坐标系下的控制点和全站仪测量测站坐标，将测站坐标导入到点云数据中，实现隧道点云数据的拼接[20]，这一过程在扫描仪自带软件 Cyclone 中实现，拼接后的点云数据都在施工坐标系下。点云数据的去噪、简化、抽稀在后处理软件 Cloud compare 中进行。本试验中进行计算的点云间距为 3cm、点云轴向长度为 100cm，利用上述方法进行隧道轴线方向的计算，按照每 5m 计算一个断面，共获取了该区间内 12 个里程点轴线方向值，通过设定法向量的 x 轴分量为 1，分别计算 y 和 z 轴上的分量 a 和 b，最终计算结果如表 4-3 所示。

中轴线分量计算结果　　　　　　　　　　　　　　表 4-3

断面	里程(m)	y 轴分量 a	z 轴分量 b	计算时间(s)
1	45026.738	−0.8767	0.0057	123
2	45031.547	−0.8916	0.0058	119
3	45036.355	−0.9127	0.0062	131
4	45041.163	−0.9244	0.0061	125
5	45045.972	−0.9354	0.0064	132
6	45050.780	−0.9802	0.0063	132
7	45055.588	−0.9936	0.0066	126
8	45060.396	−1.0319	0.0065	124
9	45065.205	−1.0510	0.0067	128
10	45070.013	−1.0815	0.0068	134
11	45074.821	−1.0955	0.0068	124
12	45079.630	−1.1082	0.0071	138

利用隧道轴线方向值计算不同里程对应的纵线坡度值，计算公式为：

$$i = b/\sqrt{1+a^2} \times 100\% \tag{4-14}$$

隧道纵线坡度计算如表 4-4 所示。

隧道纵线坡度统计表　　　　　　　　　　　　　　表 4-4

断面	1	2	3	4	5	6	7	8	9	10	11	12
坡度	0.429	0.433	0.458	0.448	0.468	0.45	0.468	0.452	0.462	0.462	0.458	0.475

由隧道的设计文件知：隧道在 45026.738～45079.63m 区间内的曲线半径越来越小，即轴线对应的弧度值越来越大，表现在轴线方向分量上为 a 值应该逐渐增大；隧道在该区间的坡度设计值为 4.3‰～4.7‰，并且沿里程方向坡度也逐渐增大。从表 4-3 可以看出：在扫描区间内随着里程的增加，y 轴分量值 a 的绝对值越来越大，z 轴分量值 b 也越来越大；a 值的逐渐增大与曲线半径越来越小相对应，利用轴线方向分量值计算出的坡度值与该区间的设计值也比较接近，变化规律也基本一致。通过上述过程可以证明提取隧道断面方向性的准确性。

4.3.2.3　断面点云的坐标转换

为了使断面二维可视化，需要把三维空间中的断面点云进行投影、旋转和平移，得到隧道断面点云的二维断面图。由于在有一定弧度的隧道中，每个断面处的中轴线走向都不一样，为了使截取断面位置严格垂直于断面所在位置处的中轴线，需要分别按照每个断面的法向量把断面点云绕坐标轴旋转一定的角度值，再将旋转后的点云平移，断面点云数据的坐标 $[x_i, y_i, z_i]^T$ 和变化后的坐标 $[x_i', y_i', z_i']^T$ 有式(4-15)中的转换关系：

$$\begin{bmatrix} x_i' \\ y_i' \\ z_i' \end{bmatrix} = \begin{bmatrix} \cos\theta_1 & 0 & \sin\theta_1 \\ 0 & 1 & 0 \\ -\sin\theta_1 & 0 & \cos\theta_1 \end{bmatrix} \begin{bmatrix} \cos\theta_2 & -\sin\theta_2 & 0 \\ \sin\theta_2 & \cos\theta_2 & 0 \\ 0 & 0 & 1 \end{bmatrix} \begin{bmatrix} x_i \\ y_i \\ z_i \end{bmatrix} + \begin{bmatrix} X \\ Y \\ Z \end{bmatrix} \tag{4-15}$$

式中，θ_1 和 θ_2 分别为该断面的点云绕 Y 轴和 Z 轴旋转的角度值，由断面对应轴线方向计算得到；$[X, Y, Z]^T$ 为点云平移向量。坐标变换前后的点云结果如图 4-28 所示。

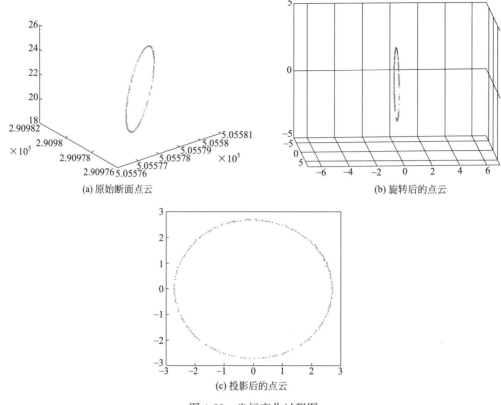

(a) 原始断面点云

(b) 旋转后的点云

(c) 投影后的点云

图 4-28 坐标变化过程图

4.3.2.4 断面的提取结果

作为轴线坐标计算、断面对比、椭圆度计算和错台分析的基础,隧道断面的准确提取是后续工作顺利开展的保证。

根据工程案例二隧道设计文件,可以得到不同里程断面的设计坐标(X,Y,Z),利用平面的法向量和设计坐标可得到该平面的方程,利用点到平面的距离进行断面的截取,设置断面厚度为 4mm[21],具体过程见第 4.3.2.2 节。两个区间段原始点云图和提取的断面点云图如图 4-29 和图 4-30 所示。

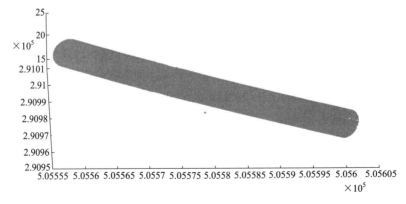

图 4-29 盾构隧道原始点云图

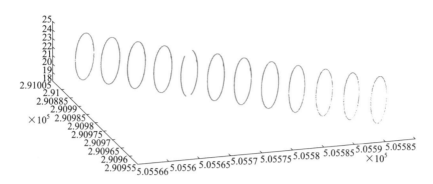

图 4-30 盾构隧道提取断面点云图

通过对现场扫描时间和断面提取时间进行统计，发现每站扫描时间在 10min 左右，每个断面提取时间约 2min。每站扫描区间可提取多个断面，并深入分析断面中心点、椭圆度、衬砌管片错台、超欠挖等，这是传统方法无法比拟的。该技术方法减少了工作量、提高了工作效率，可较大程度上减少人工参与，从而降低经济投入，提高经济效益。

4.4 基于空间切割理论提取隧道断面

4.4.1 空间切割理论

本节重点针对隧道点云数据与预设平面不正交的情况下进行详细的论述。根据隧道点云数据轴线与坐标轴的几何关系，选取任意里程坐标系下平面的法向量 $\vec{n}=(0,1,0)$，用以截取盾构隧道的平面，并提取任意里程、不同环数的横断面。这里将法向量为 $\vec{n}=(0,1,0)$ 的平面称为截平面，截平面与盾构隧道表面的交线称为截交线。因为盾构隧道可以近似为一个圆柱体，导入 MATLAB 程序中点云数据的母线与 y 轴不平行，利用 Dandelin 双球确定椭圆的焦点并且使用切线长定理的空间推广（从球外一点引球的切线，切线长度相等），利用椭圆的定义判断斜交线为椭圆，如图 4-31 所示，AB、CD 是两个等圆的直径，$AB/\!/CD$，AD、BC 均与两个圆相切。作公切线 EF，与两圆切点分别为 F_1 和 F_2，交 AB、CD 的延长线于 E、F 两点，交 AD 于 G_1 点，交 BC 于 G_2 点。

当隧道点云轴线与截平面的法向量不平行时，截交线为椭圆，具体证明如下：

由切线长定理，可知：
$$G_1A=G_1F_1, G_2C=G_2F_2, G_1D=G_1F_2, G_2B=G_2F_1$$
所以，$G_1F_1+G_1F_2=G_1A+G_1D=AD$，$G_2F_1+G_2F_2=G_2B+G_2C=BC=AD$
在 $RT\triangle EO_1F_1$ 和 $RT\triangle FO_2F_2$ 中，
$\angle O_1EF_1=\angle O_2FF_2$，$O_1F_1=O_2F_2$，所以 $RT\triangle EO_1F_1 \cong RT\triangle FO_2F_2$
所以 $O_1E=O_2F$，$F_1E=F_2F \Rightarrow AE=CF$
在 $RT\triangle AG_1E$ 和 $RT\triangle CG_2F$ 中，
$\angle O_1EF_1=\angle O_2FF_2$，$AE=CF$，所以 $RT\triangle AG_1E \cong RT\triangle CG_2F$

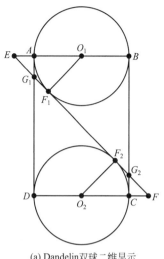
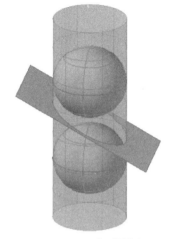

(a) Dandelin双球二维显示　　　　　　(b) Dandelin双球三维显示

图 4-31　Dandelin 双球示意图

所以 $EG_1=G_2F$，$G_2F_2=F_1G_1$

$G_1G_2=G_1F_1+G_2F_2+F_1F_2=G_1F_1+G_1F_2=G_1A+G_1D=AD$

$\cos\angle BG_2E=\dfrac{BG_2}{G_2E}=\dfrac{F_1G_2}{G_2E}=\cos\angle AG_1E=\dfrac{G_1A}{G_1E}=\dfrac{F_1G_1}{G_1E}=\dfrac{F_1G_2-F_1G_1}{G_2E-G_1E}=\dfrac{F_1F_2}{G_2G_1}=\sin\angle EFD$

即 $G_1G_2=AD$，$\dfrac{F_1G_2}{G_2E}=\dfrac{F_1G_1}{G_1E}=\dfrac{F_1F_2}{G_2G_1}=\cos\angle BG_2E=\sin\angle EFD$

因此，平面与圆柱面的斜截面是椭圆。其次设盾构隧道的母线与截平面的法向量即坐标 y 轴的夹角为 α，即 xoz 面与 y 轴夹角弧度。隧道半径为 r，过 G_2 作 $G_2H \perp AD$，H 为垂足，则 $G_2H=2r$，椭圆的长轴长 $2a=G_1G_2$，椭圆的离心率为 e，短轴长为 $2b=G_2H$，则 $2b=2r$，$\cos\alpha=\dfrac{G_2H}{G_1G_2}=\dfrac{b}{a}$，$c^2=a^2-b^2$，$\sin\alpha=\sqrt{1-\cos^2\alpha}$，故 $\sin\alpha=e$，则 $\alpha=\sin^{-1}e$。再取一平面截取圆柱体，令该平面的法向量为 $\vec{m}=(0,0,1)$，并且使该平面通过椭圆中心，如图 4-32 所示，求两条斜交线与坐标 y 轴夹角的算术平均值为 β，即 xoy 面与 y 轴夹角弧度。

4.4.2　隧道点云数据坐标的转换

为了提取隧道点云数据的二维断面，需要将空间中的隧道点云数据进行旋转和平移，使盾构隧道点云数据的轴线平行于坐标 y 轴。断面点云数据的坐标 $[x_i\ y_i\ z_i]^T$ 和变化后的坐标 $[x'_i\ y'_i\ z'_i]^T$ 的转换关系见式(4-16)。

$$\begin{bmatrix}x'_i\\ y'_i\\ z'_i\end{bmatrix}=\begin{bmatrix}0 & \cos\alpha & \sin\alpha\\ 1 & 0 & 0\\ 0 & -\sin\alpha & \cos\alpha\end{bmatrix}\begin{bmatrix}\sin(-\beta) & \cos(-\beta) & 0\\ \cos(-\beta) & \sin(-\beta) & 0\\ 0 & 0 & 1\end{bmatrix}\begin{bmatrix}x_i\\ y_i\\ z_i\end{bmatrix}+\begin{bmatrix}X\\ Y\\ Z\end{bmatrix} \quad (4\text{-}16)$$

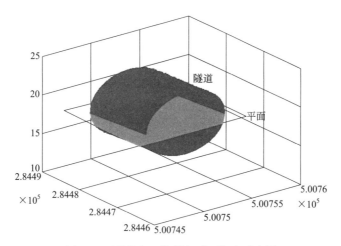

图 4-32　隧道点云数据与平面相交示意图

式中，α 为盾构隧道的轴线与截平面的法向量即坐标 y 轴的角度值；β 为盾构隧道的轴线与截平面法向量，即 xoy 面与 y 轴的角度值。由断面对应轴线方向计算得到，$[XYZ]^T$ 为点云平移向量；坐标变换前后的隧道点云结果如图 4-33 所示。

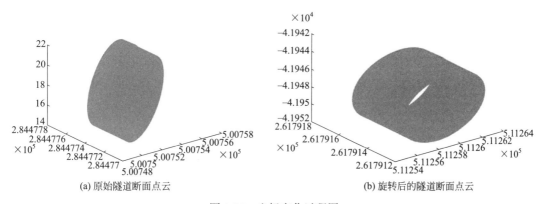

(a) 原始隧道断面点云　　　　　　(b) 旋转后的隧道断面点云

图 4-33　坐标变化过程图

4.4.3　隧道断面的提取

根据隧道的设计文件，可以得到不同里程（环数）断面的设计坐标 (X, Y, Z)，通过平面的法向量 $\vec{n}=(0, 1, 0)$ 和设计坐标得到该平面的方程，如式(4-17)所示。

$$a(x-X)+b(y-Y)+c(z-Z)=0 \Rightarrow y-Y=0 \tag{4-17}$$

利用经过旋转、平移之后的盾构隧道表面的点云数据到该平面的距离截取隧道横断面，如图 4-34 所示。合理设置点到平面距离 δ，根据式(4-18)进行隧道断面厚度的设置。

$$|y-Y|<\delta \tag{4-18}$$

4.4.4　隧道横断面点云数据的提取

依托工程案例四，将经过预处理之后的盾构隧道点云数据导入到 MATLAB 平台中，

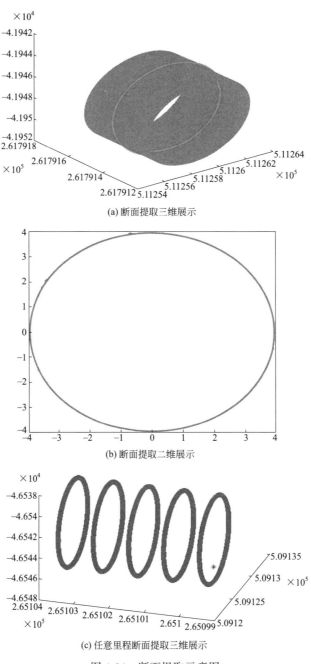

(a) 断面提取三维展示

(b) 断面提取二维展示

(c) 任意里程断面提取三维展示

图 4-34 断面提取示意图

采用空间切割理论将整个隧道的点云数据坐标进行旋转、平移，使点云数据中轴线平行于 MATLAB 平台 xyz 坐标系的 y 轴，进而进行盾构隧道断面的截取，具体的计算过程见 4.3 节。根据 2017 年最新发布的《盾构法隧道施工及验收规范》GB 50446—2017 规定：成型的地铁、铁路隧道应在直线段每 10 环、曲线段每 5 环测量一个横断面，为了提高断面提取效率，本文根据点云数据存储大小、试验段点云数量、隧道横断面提取时间、断面点云数量与数据的抽稀程度的关系进行分析，如表 4-5 所示。

试验段点云数据抽稀程度与断面提取相关记录表　　　　表 4-5

点云数据抽稀距离(m)	数据储存大小(MB)	试验段有效点云数量(万)	隧道横断面点云数量(个)	断面提取计算时间(s)
0.0000	405.7979	642.1487	20781	67.8281
0.0005	405.7979	642.1487	20781	67.8281
0.0010	405.7979	642.1487	20781	67.8281
0.0015	405.7979	642.1487	20781	67.8281
0.0020	404.8105	640.6145	20694	67.0313
0.0025	384.0527	607.9973	20130	64.8438
0.0030	341.4727	540.6911	18554	57.0938
0.0035	294.0537	465.6547	14878	48.8438
0.0040	249.7451	395.4971	11222	42.0313
0.0045	210.3135	333.0531	10436	35.5156
0.0050	180.1934	285.3522	9146	30.7344
0.0055	157.4160	249.2814	7461	26.5156
0.0060	138.5811	219.4523	6614	23.5781
0.0065	122.3809	193.7971	5753	20.6094
0.0070	108.6553	172.0599	5189	18.8438
0.0075	97.5703	154.5104	4636	16.8281
0.0080	88.0967	139.5104	4004	15.2969
0.0085	79.7764	126.3346	3570	13.8281
0.0090	72.3945	114.6429	4004	15.2969
0.0095	65.8516	104.2791	3226	12.7031
0.0100	60.0869	95.1495	2700	10.7188
0.0105	55.0234	87.1308	2497	9.7500
0.0110	50.6357	80.1818	2295	9.1250
0.0115	46.8760	74.2286	2101	8.9063
0.0120	43.5430	68.9500	1983	7.9531
0.0125	40.5527	64.2157	1818	7.4219
0.0130	37.8311	59.9052	1809	7.2969
0.0135	35.3096	55.9124	1688	6.6563
0.0140	33.0557	52.3434	1572	6.1719
0.0145	30.9980	49.0851	1520	5.9375
0.0150	29.1152	46.1037	1427	5.5313
0.0155	27.4121	43.4065	1325	5.5000
0.0160	25.8633	40.9536	1153	5.2031
0.0165	24.4512	38.7181	1099	4.8438
0.0170	23.1436	36.6474	1053	4.6719
0.0175	21.9502	34.7583	1008	4.8281
0.0180	20.8359	32.9933	933	4.4063
0.0185	19.8193	31.3835	891	3.8750
0.0190	18.8730	29.8854	868	3.6719
0.0195	17.9834	28.4768	835	3.5469
0.0200	17.1563	27.1666	788	3.3750
0.0205	16.3789	25.9355	764	3.2500

续表

点云数据抽稀距离(m)	数据储存大小(MB)	试验段有效点云数量(万)	隧道横断面点云数量(个)	断面提取计算时间(s)
0.0210	15.6455	24.7746	713	3.1875
0.0215	14.9756	23.7145	677	3.0938
0.0220	14.3496	22.7229	638	3.0156
0.0225	13.7607	21.7900	624	2.8281
0.0230	13.2100	20.9132	569	2.7656
0.0235	12.6836	20.0851	560	2.7188
0.0240	12.1934	19.3091	527	2.5938
0.0245	11.7451	18.5978	508	2.4688
0.0250	11.3125	17.9135	505	2.4063
0.0255	10.8848	17.2363	509	2.3750
0.0260	10.4971	16.6226	486	2.2381
0.0265	10.1338	16.0469	459	2.1875
0.0270	9.7822	15.4911	447	2.1094
0.0275	9.4463	14.9580	438	2.0625
0.0280	9.1318	14.4611	410	2.0313
0.0285	8.8281	13.9802	381	1.9063
0.0290	8.5352	13.5158	369	1.9063
0.0295	8.2666	13.0908	355	1.9063
0.0300	8.0010	12.6689	339	1.8906
0.0305	7.7461	12.2659	317	1.7813
0.0310	7.5176	11.9046	314	1.7696
0.0320	7.0771	11.2063	293	1.6563
0.0330	6.6777	10.5734	282	1.6094
0.0340	6.2998	9.9756	268	1.5938
0.0350	5.9600	9.4377	250	1.5781
0.0360	5.6445	8.9380	246	1.5313
0.0370	5.3555	8.4801	247	1.4063
0.0380	5.0928	8.0638	237	1.3438
0.0390	4.8496	7.6798	215	1.2969
0.0400	4.6152	7.3079	191	1.2656
0.0410	4.3984	6.9647	198	1.3906
0.0420	4.1904	6.6448	192	1.2500
0.0430	4.0146	6.3575	176	1.1719
0.0440	3.8398	6.0800	177	1.1250
0.0450	3.6797	5.8262	176	1.1719
0.0460	3.5215	5.5755	170	1.1094
0.0470	3.3721	5.3390	167	1.0469
0.0480	3.2402	5.1307	163	1.0469
0.0490	3.1084	4.9223	161	1.0313
0.0500	2.9902	4.7347	151	1.0156
0.0550	2.4912	3.9436	127	0.9244
0.0600	2.1035	3.3302	93	0.8549

续表

点云数据抽稀距离(m)	数据储存大小(MB)	试验段有效点云数量（万）	隧道横断面点云数量(个)	断面提取计算时间(s)
0.0650	1.8008	2.8510	74	0.8549
0.0700	1.5625	2.4736	65	0.7813
0.0750	1.3643	2.1589	66	0.7344
0.0800	1.2002	1.8996	52	0.7000
0.0850	1.0693	1.6923	44	0.7000
0.0900	0.9541	1.5102	42	0.6875
0.0950	0.8594	1.3606	36	0.6563
0.1000	0.7783	1.2315	40	0.6406
0.1100	0.6426	1.0171	31	0.6406
0.1200	0.5439	0.8606	28	0.6250
0.1300	0.4648	0.7352	15	0.6250
0.1400	0.4014	0.6349	16	0.6094
0.1500	0.3477	0.5492	14	0.6000
0.1600	0.3076	0.4858	11	0.5780
0.1700	0.2734	0.4320	8	0.5620
0.1800	0.2441	0.3857	6	0.5300
0.1900	0.2188	0.3453	5	0.5100
0.2000	0.1953	0.3084	～	～

注：～表示数据缺失，不能进行断面提取。

通过对试验段点云数据的抽稀和断面提取时间进行统计，发现：点云数据抽稀距离与数据存储大小、点云数量、计算时间呈指数关系（图 4-35），抽稀距离在 0～0.025m 区间段，点云数据存储大小、点云数量、计算时间呈指数型函数下降；抽稀距离在 0.025～0.2m 区间段，点云数据存储大小、点云数量、计算时间下降并不明显。抽稀距离在 0.2m

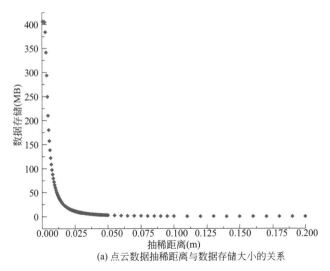

(a) 点云数据抽稀距离与数据存储大小的关系

图 4-35 点云数据抽稀距离与断面提取的关系图（一）

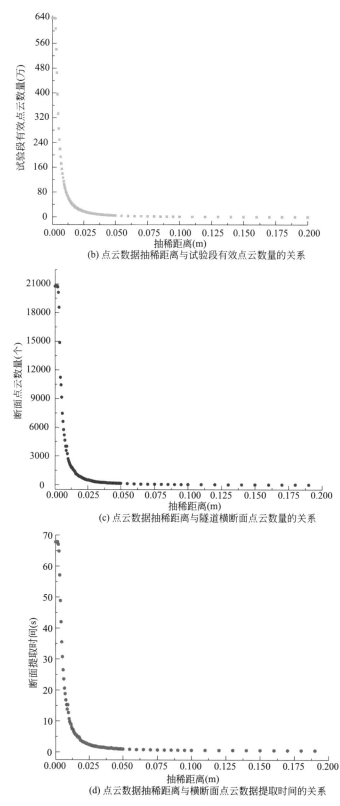

图 4-35 点云数据抽稀距离与断面提取的关系图（二）

之后的点云数据，并不能够支持本算法提取隧道横断面。当点云数据抽稀距离在 0.025m 时：数据存储大小为 11.3125MB、每个隧道横断面点云数量为 505 个点、每个横断面点云数据提取计算的时间为 2.4s，此时达到最优状态。因此利用三维激光扫描仪（徕卡 P40）进行隧道断面点云数据的提取时，本书建议将获取的隧道点云数据按照距离抽稀为 0.025m，如此导出来的数据存储大小、断面点云数量、提取横断面点云计算时间都相对比较适宜，这样既能保证断面提取的精度，也能保证断面提取的效率。

4.5 小结

本章首先介绍了空间姿态信息在隧道断面提取过程中的重要性，分析了常用的隧道空间姿态信息提取的方法、适用范围和优缺点。具体介绍了三种常用的断面信息提取方法，包括双向投影法、点云法向量法、空间切割理论。

关于双向投影法，首先详细地介绍了 RANSAC 算法，此算法可靠、稳定、抗差性强并且结果精度较高，可以更加准确地拟合隧道边界线，为了进一步了解此算法，又介绍了 RANSAC 算法的基本假设、算法流程以及实现此算法的部分程序编码。其次，介绍了基于双向投影法和 RANSAC 算法提取直线形隧道中轴线，包括三维隧道点云进行双向投影、提取边界点、拟合边界曲线、拟合中轴线等步骤。紧接着介绍了曲线隧道横断面的提取，此部分包括划分点缓冲区、调整点缓冲区姿态、提取面缓冲区、提取断面点云剔除噪声点等步骤，针对曲线隧道断面提取过程中，提出点缓冲区和面缓冲区的概念，可以大大提高数据处理的速度，为实现高效率隧道断面变形监测提供了基础。最后对案例二的曲线隧道进行横断面点云提取，并得到了测量点位移与实际点位移均方根（Root-mean-square 值）与断面提取切片阈值 Δy 的函数，提取到最终的断面点云图。

关于点云法向量法提取空间姿态信息，介绍了空间姿态信息在隧道断面提取过程中的重要性，分析了常用的隧道空间姿态信息提取的方法、适用范围和优缺点。基于点云法向量提取了隧道不同里程的空间姿态信息，改进了点云法向量的计算算法，最终成功地提取了隧道不同里程的断面点云数据，并且利用仿真隧道点云模型验证了该方法的可行性和准确性。此外，试验得出了这种计算方法的计算时间、精度和计算点云的轴向长度及点云间距之间的关系；建议把点云轴向长度设置在 50~100cm 范围内，若对精度要求较高则把点云间距设置得越小越好；若既考虑精度又考虑计算效率则把点云间距设置在 3~4cm 范围内。此外，针对曲线隧道的空间姿态信息处处不同的特点，通过利用隧道的轴线方向从点云数据中提取不同里程处的隧道断面，应用于刚竣工的地铁盾构隧道，验证了该方法的有效性和实用性。

关于空间切割理论提取断面信息，针对盾构隧道，运用圆柱体与平面相交的空间关系，利用 Dandelin 双球确定椭圆的焦点并且使用切线长定理的空间推广提取断面，该方法可以充分利用海量点云数据，不需要对隧道点云数据进行抽稀，该方法简单、高效，且对计算机配置没有较高要求，为以后指导隧道现场断面验收提供理论与实践基础。由于基于三维激光扫描技术获取的隧道断面点云数据进行分析一般都是在二维平面上进行，本章详细分析了三维隧道点云数据与隧道二维断面点云数据之间的转换关系，为后续隧道二维断面点云数据的分析奠定了基础。

参考文献

[1] 陆步云. 上海地铁 2 号线采用数理统计控制区间隧道轴线质量 [C] // 上海国际隧道工程研讨会. 2007.

[2] 李双. 基于三维激光扫描技术的隧道连续断面提取及变形分析 [D]. 西安：长安大学，2015.

[3] 黄祖登，唐琨，戴鑫. 基于三维激光扫描数据的隧道中轴线提取 [J]. 地理空间信息，2014（4）：122-123.

[4] 卢小平，王宇飞，杜耀刚，等. 利用点云构建隧道断面的形变监测方法 [J]. 测绘通报，2016（1）：80-83.

[5] 托雷，康志忠，谢远成，等. 利用三维点云数据的地铁隧道断面连续截取方法研究 [J]. 武汉大学学报（信息科学版），2013，38（2）：171-175.

[6] 朱宁宁. 三维激光扫描在地铁隧道形变监测中的应用 [J]. 测绘工程，2015，24（05）：63-68.

[7] 王保前. 融合反射值影像和卡尔曼滤波的三维点云全局拼接方法 [D]. 北京：中国地质大学（北京），2013.

[8] 程效军，贾东峰，刘燕萍，等. 基于中轴线的隧道点云去噪算法 [J]. 同济大学学报（自然科学版），2015，43（8）：1239-1245.

[9] 托雷. 基于三维激光扫描数据的地铁隧道变形监测 [D]，北京：中国地质大学，2012.

[10] 王风杰. 基于陆基 LiDAR 的曲线隧道断面变形监测研究 [D]. 北京：北京工业大学，2018.

[11] 谢雄耀，卢晓智，田海洋，等. 基于地面三维激光扫描技术的隧道全断面变形测量方法 [J]. 岩石力学与工程学报，2013，32（11）：2214-2224.

[12] 沙从术，潘洁晨. 基于三维激光扫描技术的隧道收敛变形整体监测方法 [J]. 城市轨道交通研究，2014，017（10）：51-54.

[13] RVAN GOSLIGA R，LINDENBERGH R，PFEIFER N. Deformation analysis of a bored tunnel by means of terrestrial laser scanning [C] // Proceedings of the ISPRS Commission V Symposium Image Engineering and Vision Metrology. Dresden：[s. n.]，2006：167-172.

[14] 王博群. 基于三维激光扫描技术的地铁隧道断面提取及应用研究 [D]. 北京：北京工业大学，2019.

[15] 滕志远，张爱武. 单位四元素法在激光点云坐标转换中的应用 [J]. 测绘通报，2010（11）：7-10.

[16] Han J Y，Guo J，Jiang Y S. Monitoring tunnel profile by means of multi-epoch dispersed 3-D LiDAR point clouds [J]. Tunnelling & Underground Space Technology，2013，33（1）：186-192.

[17] 姚洋. 点云法向量估算研究 [D]. 云南：昆明理工大学，2015.

[18] 葛云峰，夏丁，唐辉明，等. 基于三维激光扫描技术的岩体结构面智能识别与信息提取 [J]. 岩石力学与工程学报，2017，36（12）：3050-3061.

[19] 邓辉，蓝秋萍，廖威，等. 基于法向偏差的隧道点云去噪算法 [J]. 测绘工程，2018，27（01）：59-63.

[20] 鲍艳，王风杰. 陆基 LiDAR 扫描隧道的点云拼接精度 [J]. 黑龙江科技大学学报，2018，28（1）：107-112.

[21] 王风杰. 基于陆基 LiDAR 的曲线隧道断面变形监测研究 [D]. 北京：北京工业大学，2018.

[22] 住房和城乡建设部. 盾构法隧道施工及验收规范：GB 50446—2017 [S]. 北京：中国建筑工业出版社，2017.

5 盾构隧道断面椭圆拟合及关键参数分析

圆形盾构隧道在外部荷载作用下产生形变，将形成一个离心率较小的椭圆，《盾构法隧道施工及验收规范》GB 50446—2017 中对管片拼装过程中衬砌环椭圆度允许偏差以及成型隧道验收时衬砌环椭圆度允许偏差的数值作出具体要求，见表 1-4。

隧道断面中心点坐标 X_c、Y_c 及椭圆度 Δ 同时也是成型盾构隧道竣工验收、隧道运维期间变形监测与检测的关键要素。三维激光扫描采集的隧道点云数据用常规去噪方法剔除噪点后，可以对提取得到的断面进行椭圆拟合。对处于施工期、竣工期的盾构隧道，现场多存在浮土、淤泥等影响扫描结果准确性的因素；而在隧道铺轨后，轨道会覆盖隧道底部管片，得到的点云数据不再是闭合曲线，这时，常规方法的测量结果很容易产生较大误差。

断面拟合常用的方法有基于代数距离的最小二乘法，本书新引入随机原理结合最小平方中值法，并基于莱特准则进行优化的方法。

5.1 最小二乘法拟合断面

首先设断面点云数据对应的椭圆方程为：

$$x^2 + Axy + By^2 + Cx + Dy + E = 0 \tag{5-1}$$

点 $P_i(x_i, y_i)(i=1,2,\cdots,n)$ 为断面点云中的任意一点，根据最小二乘原理，所拟合的目标函数为：

$$\min \| x^2 + Axy + By^2 + Cx + Dy + E \|^2 = 0 \tag{5-2}$$

即 $F(A,B,C,D,E) = \sum_{i=1}^{n}(x_i^2 + Ax_iy_i + By_i^2 + Cx_i + Dy_i + E)^2 \tag{5-3}$

依据最小二乘原理，欲使 F 最小时，则需使：

$$\frac{\partial F}{\partial A} = \frac{\partial F}{\partial B} = \frac{\partial F}{\partial C} = \frac{\partial F}{\partial D} = \frac{\partial F}{\partial E} = 0 \tag{5-4}$$

由式(5-3)和式(5-4)可得以下方程：

$$\begin{bmatrix} \sum x_i^2 y_i^2 & \sum x_i y_i^3 & \sum x_i^2 y_i & \sum x_i y_i^2 & \sum x_i y_i \\ \sum x_i y_i^3 & \sum y_i^4 & \sum x_i y_i^2 & \sum y_i^3 & \sum y_i^2 \\ \sum x_i^2 y_i & \sum x_i y_i^2 & \sum x_i^3 & \sum x_i y_i & \sum x_i \\ \sum x_i y_i^2 & \sum y_i^3 & \sum x_i y_i & \sum y_i^2 & \sum y_i \\ \sum x_i y_i & \sum y_i^2 & \sum x_i & \sum y_i & N \end{bmatrix} \begin{bmatrix} A \\ B \\ C \\ D \\ E \end{bmatrix} = - \begin{bmatrix} \sum x_i^3 y_i \\ \sum x_i^2 y_i^2 \\ \sum x_i^3 \\ \sum x_i^2 y_i \\ \sum x_i^2 \end{bmatrix} \tag{5-5}$$

令

$$\boldsymbol{M}=\begin{bmatrix} \sum x_i^2 y_i^2 & \sum x_i y_i^3 & \sum x_i^2 y_i & \sum x_i^2 y_i & \sum x_i y_i \\ \sum x_i y_i^3 & \sum y_i^4 & \sum x_i y_i^2 & \sum y_i^3 & \sum y_i^2 \\ \sum x_i^2 y_i & \sum x_i y_i^2 & \sum x_i^3 & \sum x_i y_i & \sum x_i \\ \sum x_i y_i^2 & \sum y_i^3 & \sum x_i y_i & \sum y_i^2 & \sum y_i \\ \sum x_i y_i & \sum y_i^2 & \sum x_i & \sum y_i & N \end{bmatrix}$$

$$\boldsymbol{N}=-\begin{bmatrix} \sum x_i^3 y_i \\ \sum x_i^2 y_i^2 \\ \sum x_i^3 \\ \sum x_i^2 y_i \\ \sum x_i^2 \end{bmatrix}, \quad \boldsymbol{X}=\begin{bmatrix} A \\ B \\ C \\ D \\ E \end{bmatrix} \tag{5-6}$$

可以写成

$$\boldsymbol{MX}=\boldsymbol{N} \tag{5-7}$$

根据上述公式得到椭圆方程的系数值。

5.2 最小平方中值法拟合断面

5.2.1 结合随机原理与最小平方中值法

（1）依据隧道里程坐标对应的位置提取圆形盾构隧道断面，然后将断面点云平均分成5个部分，初始化循环次数 $i=1$；

（2）应用随机原理，在每部分随机选取1个点的坐标，共选取5个点的坐标对；

（3）利用选取的5个点的坐标对代入

$$Ax^2+Bxy+Cy^2+Dx+Ey+1=0 \tag{5-8}$$

求解椭圆一般方程的系数 A、B、C、D、E，并且循环次数 $i=i+1$；

（4）将该隧道断面所有点云坐标代入式(5-9)中求得的椭圆一般方程，计算拟合残差

$$V(i)=Ax_i^2+Bx_iy_i+Cy_i^2+Dx_i+Ey_i+1 \tag{5-9}$$

并判断 $V(i)$ 是否满足根据莱特准则确定的阈值，若满足，将 $V(i)^2$ 计入残差平方和 $\sum V(i)^2$；若不满足，则不计算入 $\sum V(i)^2$，即将该点视为噪点；

（5）重复步骤2~4 至 $i>N$，N 由断面点云个数 k 确定，理论上 $N=C_k^5$，为提高效率可取 $N=8000\sim10000$，取 N 次计算中残差平方和 $[\sum V(i)^2]$ 最小对应的椭圆一般方程，并通过椭圆参数与椭圆一般方程系数的对应关系[3]，计算椭圆的中心点坐标 X_C、Y_C，长轴 a，短轴 b，椭圆度 Δ 和旋转角度 θ 等椭圆参数，椭圆参数示意图如图5-1所示。

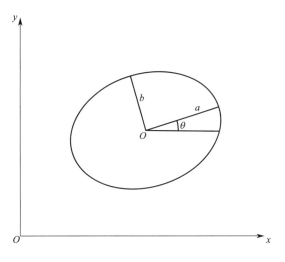

图 5-1 椭圆参数示意图

5.2.2 莱特准则优化椭圆拟合算法

运用莱特准则确定阈值进行优化时,由高斯误差理论知,当测量值服从正态分布时,残差落在三倍方差,即 $[-3\sigma, 3\sigma]$ 区间的概率超过 99.7%,落在此区间外的概率只有不到 0.3%,因此,可以认为残差落于该区域之外的测量值为异常值。这就是莱特准则判别方法,也常称为 3σ 方法。

莱特准则具有一个约束条件,要求数据服从正态分布,所以需对残差 $V(i)$ 进行正态分析检验。再根据莱特准则,若 $V(i) \leqslant -3\sigma$ 或 $V(i) \geqslant 3\sigma$,则将该点视为噪点,不计入残差平方和。

如图 5-2 所示,将断面计算得到的残差 $V(i)$ 进行正态验证,图 5-2(a) 中横坐标表示残差 $V(i)$ 的数值,纵坐标表示各值分布的概率密度。

图 5-2(b) 中的 P-value 表示假设事件的差异性,在统计学中通常用 0.05 作为事件的判断标准。当 $P > 0.05$ 时表示假设的事件无差异,当 $P < 0.05$ 时表示事件有差异。首先假设该组验证数据服从正态分布,进行验证,结果显示 $P = 0.418 > 0.05$,所以这组验

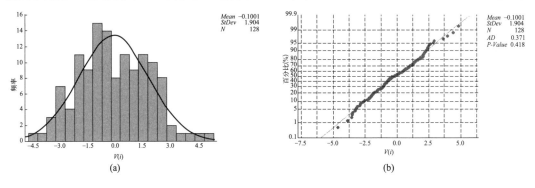

图 5-2 试验断面残差正态分析结果

证数据是服从正态分布的。通过多个断面数据进行验证,残差 $V(i)$ 服从正态分布,则表明可以使用莱特准则进行优化。

根据莱特准则,若 $V(i) \leqslant -3\sigma$ 或 $V(i) \geqslant 3\sigma$,则将该点视为噪点,不计入残差平方和。

5.2.3 算法模拟测试

为验证上述椭圆拟合方法,取椭圆方程参数 $X_C = 3.0$,$Y_C = 5.0$,$a = 5.000$,$b = 3.000$,$\theta = 45°$ 的椭圆方程,并在椭圆上均匀的取 120 个点,再加上服从正态分布 $N(0, \sigma^2)$ 的噪点(其中 σ^2 为正态分布的方差),得到初始数据。并对 σ^2 取 0.01,0.1,0.2,0.4 时的拟合结果进行比较,结果见表 5-1。

由表 5-1 及图 5-3 可以看出,在 σ^2 取 0.01、噪声较小时,两种方法椭圆拟合结果与真实结果相差在 1mm 以内,随着噪声的增大,椭圆拟合结果较真实值差距加大,最小二乘法拟合结果误差在 5mm 以内,本书提出的新方法拟合结果误差在 3mm 内。验证了该方法进行椭圆拟合的可行性。

本书算法流程如图 5-4 所示。

模拟椭圆拟合误差计算结果　　　　　　　　　　　表 5-1

σ^2	ΔX (mm)		ΔY (mm)	
	基于代数距离的最小二乘法	基于莱特准则的最小平方中值法	基于代数距离的最小二乘法	基于莱特准则的最小平方中值法
0.01	0.346	0.142	0.707	0.683
0.1	1.217	0.736	1.148	0.939
0.2	1.467	1.261	1.728	1.554
0.4	4.633	2.883	4.140	2.359

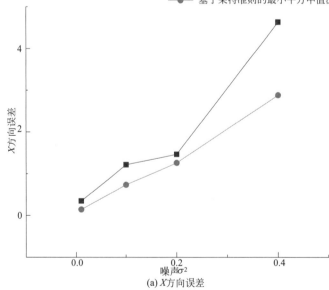

图 5-3　模拟椭圆拟合误差(一)

5 盾构隧道断面椭圆拟合及关键参数分析

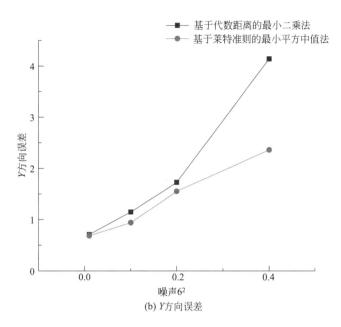

(b) Y方向误差

图 5-3 模拟椭圆拟合误差（二）

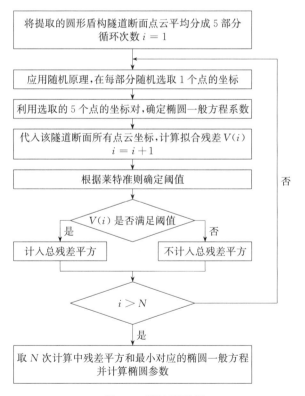

图 5-4 算法流程图

5.3 隧道中心点坐标及椭圆度分析

5.3.1 隧道中心点坐标分析

5.3.1.1 基于空间圆算法计算中心点坐标

在盾构隧道管片拼装和竣工验收阶段都需要对断面中心坐标（轴线平面坐标和高程坐标）进行测量计算，常规采用较多的是先把断面三维坐标数据转换到平面内，进行平面圆心坐标的拟合，再将拟合的圆心坐标转换到原坐标系，从而得到空间圆的圆心坐标，但这种方法计算过程中难免会加入计算误差，降低空间圆拟合的精度[1]。按照工程设计，盾构隧道断面为标准圆形，盾构隧道竣工过程前变形较小，因此可以对在三维空间下的断面点云数据进行空间圆的拟合，这样可以避免数据转换过程中出现的误差。空间圆形可以看成由一个空间球面与一个平面相交而成，可以通过对截取的断面点云分别进行空间圆球面拟合和平面拟合得到，利用最小二乘算法和数据变换处理进行空间圆拟合算法的研究[2,3]。

按照断面点云的提取步骤可提取隧道某一里程对应的三维断面点云图，由点云的拼接原理可知，所有里程的断面点云都是在绝对坐标下，如图 5-5 所示。

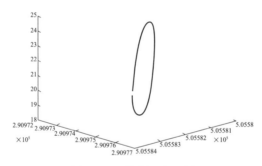

图 5-5 三维断面点云图

设空间圆球面方程式为：

$$(x-a)^2+(y-b)^2+(z-c)^2=R^2 \tag{5-10}$$

式中，(a,b,c) 为圆球面的球心坐标；R 为拟合圆球的半径。

将式（5-16）展开后得到：

$$x^2+y^2+z^2-2ax-2by-2cz+a^2+b^2+c^2=R^2 \tag{5-11}$$

令 $A=2a$，$B=2b$，$C=2c$，$D=a^2+b^2+c^2-R^2$

写成矩阵可得：

$$\begin{bmatrix} x & y & z & -1 \end{bmatrix} \begin{bmatrix} A \\ B \\ C \\ D \end{bmatrix} = \begin{bmatrix} x^2+y^2+z^2 \end{bmatrix} \tag{5-12}$$

设断面上 n 个点对应的三维点云坐标分别为 (x_1,y_1,z_1)，(x_2,y_2,z_2)，……，(x_n,y_n,z_n)，则上式可表示为：

$$\begin{bmatrix} x_1 & y_1 & z_1 & -1 \\ x_2 & y_2 & z_2 & -1 \\ \vdots & \vdots & \vdots & \vdots \\ x_n & y_n & z_n & -1 \end{bmatrix} \begin{bmatrix} A \\ B \\ C \\ D \end{bmatrix} = \begin{bmatrix} x_1^2+y_1^2+z_1^2 \\ x_2^2+y_2^2+z_2^2 \\ \vdots \\ x_n^2+y_n^2+z_n^2 \end{bmatrix} \quad (5\text{-}13)$$

利用最小二乘法解得 A，B，C，D 值，进而得到球心坐标 (a,b,c) 和半径 R。空间平面方程式为：

$$Ax+By+Cz+D=0 \quad (5\text{-}14)$$

式中，A、B、C、D 为空间平面方程式的系数。

同样利用最小二乘法解得平面方程，最后作空间圆球球心到平面的投影，投影点即为空间圆形的圆心坐标 (X,Y,Z)，空间圆球半径 R 和空间圆形半径 r 以及空间圆球球心到平面的距离 d 构成一个直角三角形，如图 5-6 所示。利用直角三角函数关系得出拟合空间圆的半径 r。空间圆形的坐标中 (X,Y) 为隧道轴线在该断面处的平面位置坐标，Z 为高程坐标；与该断面处的设计坐标进行比较，得到隧道轴线在该断面处的平面位置偏差和高程偏差，进而与规范规定值进行比较，验证是否符合规范要求；此外还可通过空间圆的圆心坐标和拟合半径值 r 计算该断面的隧道顶和隧道底实测标高，进而与隧道该断面的轨面设计标高进行对比分析。

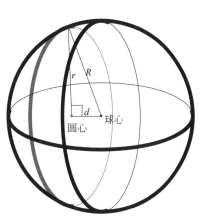

图 5-6 空间圆示意图

通过对工程案例二试验段内 12 个断面按照第 4.3 节所述进行三维断面截取和断面中心拟合，得到该区间段的 12 个断面图和中心点，如图 5-7 所示。

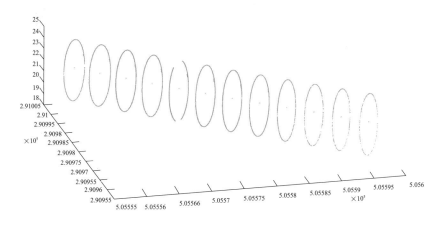

图 5-7 断面和中心点图

将经计算得到的扫描仪实测中心线点坐标与设计值坐标进行对比，如表 5-2 所示。

扫描仪实测中心线点坐标与设计值坐标对比表　　　　　表 5-2

断面	里程(m)	设计值(m)			实测值(扫描仪)(m)			差值(mm)		
		x	y	z	x	y	z	Δx	Δy	Δz
1	45026.738	***999.226	***558.788	21.922	***999.231	***558.8	21.946	5	12	24
2	45031.547	***995.638	***561.986	21.899	***995.641	***562.001	21.92	3	15	21
3	45036.355	***992.084	***565.222	21.877	***992.085	***565.237	21.902	1	15	25
4	45041.163	***988.564	***568.496	21.855	***988.57	***568.512	21.897	6	16	42
5	45045.972	***985.080	***571.807	21.833	***985.084	***571.823	21.884	4	16	51
6	45050.780	***981.631	***575.156	21.811	***981.633	***575.173	21.867	2	17	56
7	45055.588	***978.219	***578.541	21.789	***978.218	***578.56	21.848	−1	19	59
8	45060.396	***974.843	***581.962	21.767	***974.849	***581.978	21.83	6	16	63
9	45065.205	***971.503	***585.419	21.745	***971.51	***585.428	21.812	7	9	67
10	45070.013	***968.192	***588.904	21.723	***968.192	***588.921	21.807	0	17	84
11	45074.821	***964.915	***592.421	21.701	***964.918	***592.439	21.787	3	18	86
12	45079.630	***961.669	***595.967	21.679	***961.665	***595.987	21.755	−4	20	76

利用空间圆形拟合方法可以得到每个断面圆形的半径值 R，并将拟合半径值和设计值 r 进行比较，结果如表 5-3 所示。

扫描仪实测断面拟合半径值统计表（单位：m）　　　　　表 5-3

断面	1	2	3	4	5	6	7	8	9	10	11	12
R(m)	2.702	2.701	2.702	2.704	2.698	2.702	2.701	2.705	2.703	2.700	2.706	2.701
Δ(m)	0.002	0.001	0.002	0.004	0.002	0.002	0.001	0.005	0.003	0	0.006	0.001

注：$\Delta = |R-r|$，半径设计值 r 为 2.7m。

为更加直观地显示出扫描仪实测中心线点坐标与中心线点设计值坐标的差值，将结果用折线图表示，如图 5-8 所示。

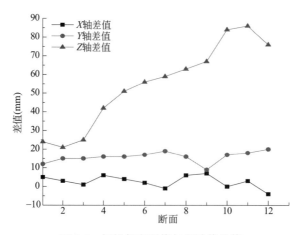

图 5-8　扫描仪实测值与设计值差值

由表 5-2 和图 5-8 可知：在 12 个断面中，扫描仪实测值与设计值在 x 轴向上的差值都在 10mm 内，在 y 轴向上的差值没有超过 20mm；并且沿里程方向，x 轴与 y 轴向上的差值变化都较小，曲线比较平缓；扫描仪实测值与设计值在 z 轴向上的差值变化比较明显，沿里程方向差值逐渐增大，最大值为里程 45074.821（断面 11）处的差值 86mm，根据规范[1]要求，成型隧道轴线平面和高程允许偏差都为 100mm；综上所述，该试验段隧道轴线平面位置和高程符合规范要求。

5.3.1.2 基于最小平方中值法拟合椭圆计算断面中心点

根据《盾构法隧道施工及验收规范》GB 50446—2017 规定，案例一中左线区间盾构段隧道既有直线段隧道又有曲线段隧道，需至少直线段每 10 环、曲线段每 5 环测量一个断面，试验中每 4 环测量一个断面，符合规范规定。由于试验条件的限制，应用徕卡 ScanStation P40 扫描仪扫描得到的数据有限（方法二），故以下分析对比过程应用的数据均为应用天宝 TX6 扫描仪扫描所得数据（方法一）。

基于工程案例一的隧道点云数据，采用最小平方中值法拟合椭圆计算断面中心点。

（1）隧道直线段中心点坐标分析

选取隧道直线段的 30 个断面，按照第 5.2 节所述对断面进行椭圆拟合并计算中心点坐标，得到的直线段 30 个断面的中心点坐标，与设计值坐标对比结果如表 5-4 所示。

直线段扫描仪实测中心点坐标与设计值坐标对比　　　　表 5-4

断面	里程(m)	设计值(m)			实测值(扫描仪)(m)			差值(mm)		
		x	y	z	x	y	z	Δx	Δy	Δz
1	K28+655.127	283954.522	500779.923	14.539	283954.524	500779.989	14.598	2	66	59
2	K28+659.939	283959.327	500779.667	14.571	283959.330	500779.746	14.609	3	79	38
3	K28+664.742	283964.123	500779.412	14.601	283964.126	500779.472	14.634	3	60	33
4	K28+671.138	283970.510	500779.072	14.643	283970.514	500779.140	14.668	4	68	−25
5	K28+677.501	283976.864	500778.734	14.685	283976.867	500778.782	14.713	−3	48	28
6	K28+682.297	283981.653	500778.479	14.716	283981.658	500778.534	14.741	5	55	25
7	K28+687.090	283986.440	500778.225	14.746	283986.442	500778.275	14.780	2	50	34
8	K28+691.908	283991.251	500777.969	14.778	283991.252	500778.012	14.821	1	−43	43
9	K28+696.709	283996.045	500777.714	14.808	283996.046	500777.744	14.856	1	30	48
			……							
29	K28+783.179	284082.393	500773.119	15.372	284082.394	500773.139	15.409	1	20	37
30	K28+787.970	284087.178	500772.864	15.403	284087.178	500772.895	15.443	0	31	40

如图 5-9 所示，在直线段 30 个断面中，扫描仪实测值与设计值在 X 轴方向上的差值都在 ±5mm 内；扫描仪实测值与设计值在 Y 轴和 Z 轴上的差值变化比较明显，最大值为里程 K28+659.939（断面 2）处的差值 ±79mm。根据《盾构法隧道施工与验收规范》GB 50446—2017 要求，成型隧道轴线平面和高程允许偏差都为 ±100mm，该试验段隧道轴线平面位置和高程符合规范要求。对扫描仪实测值进行精度评定时，将全站仪实测值作为似真值（图 5-10），首先计算三个坐标轴方向的差值，得到三个方向上的差值，如表 5-5 所示，然后采用中误差衡量扫描仪实测中心点坐标的点位精度，如表 5-6 所示。

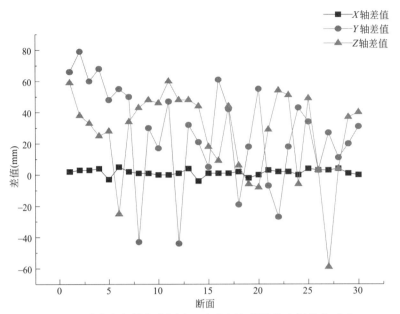

图 5-9　直线段扫描仪实测中心点坐标与设计值坐标差值对比

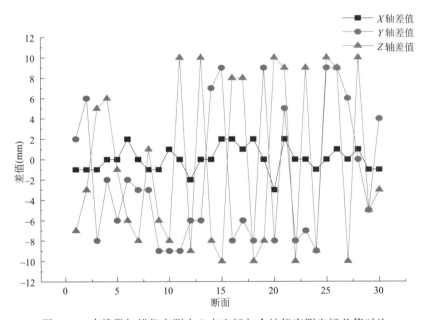

图 5-10　直线段扫描仪实测中心点坐标与全站仪实测坐标差值对比

直线段全站仪和扫描仪实测中心点坐标对比　　　　表 5-5

断面	里程(m)	实测值(全站仪)(m)			实测值(扫描仪)(m)			差值(mm)		
		x	y	z	x	y	z	Δx	Δy	Δz
1	K28+655.127	283954.525	500779.987	14.605	283954.524	500779.989	14.598	−1	2	−7
2	K28+659.939	283959.331	500779.740	14.612	283959.330	500779.746	14.609	−1	6	−3
3	K28+664.742	283964.127	500779.480	14.629	283964.126	500779.472	14.634	−1	−8	5
4	K28+671.138	283970.514	500779.142	14.662	283970.514	500779.140	14.668	0	−2	6
5	K28+677.501	283976.867	500778.788	14.714	283976.867	500778.782	14.713	0	−6	−1
6	K28+682.297	283981.656	500778.536	14.747	283981.658	500778.534	14.741	2	−2	−6

续表

断面	里程(m)	实测值(全站仪)(m)			实测值(扫描仪)(m)			差值(mm)		
		x	y	z	x	y	z	Δx	Δy	Δz
7	K28+687.090	283986.442	500778.278	14.788	283986.442	500778.275	14.780	0	−3	−8
8	K28+691.908	283991.253	500778.015	14.820	283991.252	500778.012	14.821	−1	−3	1
9	K28+696.709	283996.047	500777.753	14.862	283996.046	500777.744	14.856	−1	−9	−6
				......						
29	K28+783.179	284082.395	500773.144	15.414	284082.394	500773.139	15.409	−1	−5	−5
30	K28+787.970	284087.179	500772.891	15.446	284087.178	500772.895	15.443	−1	4	−3

直线段中心点坐标精度（单位：mm） 表 5-6

中误差	σ_x	σ_y	σ_z	σ_p
误差大小	±0.89	±6.27	±7.55	±9.85

由表 5-5 和表 5-6 可知：直线段全站仪实测中心点坐标与扫描仪实测值在 X 轴方向上差值都在 3mm 以内，Y 轴、Z 轴方向上差值都在 10mm 以内；扫描仪实测值在 X 轴、Y 轴、Z 轴方向上的中误差分别为±0.89mm、±6.27mm、±7.55mm，空间点位的中误差为±9.85mm，即扫描仪实测值的点位精度能够达到±9.85mm。通过对比可以得到：三维激光扫描技术能够测出盾构隧道直线段断面中心点的坐标，中心点坐标精度在 10mm 以内。

应用第 5.1 节的基于代数距离的最小二乘法拟合断面，计算求得的 30 个直线段断面中心点坐标与全站仪的差值，由中误差公式计算该方法的点位精度统计如表 5-7 所示。

基于代数距离的最小二乘法直线段中心点坐标精度（单位：mm） 表 5-7

中误差	σ_x	σ_y	σ_z	σ_p
误差大小	±1.12	±16.01	±19.73	±25.43

由表 5-6 和表 5-7 对比两种方法与全站仪测量结果的误差大小可知，第 5.2 节提出的椭圆拟合方法具有较高的精度，适用于直线段隧道断面椭圆拟合及中心点坐标的求取。

（2）隧道曲线段中心点坐标分析

采用与直线段相同的方法应用于曲线段的 30 个断面，得到断面中心点坐标，将计算得到的扫描仪实测中心点坐标与设计值坐标进行对比，如表 5-8 所示。曲线段扫描仪实测中心点坐标与设计值坐标差值对比见图 5-11。

曲线段扫描仪实测中心点坐标与设计值坐标对比 表 5-8

断面	里程(m)	设计值(m)			实测值(扫描仪)(m)			差值(mm)		
		x	y	z	x	y	z	Δx	Δy	Δz
1	K27+203.483	282504.624	500843.849	14.554	282504.626	500843.827	14.520	2	−22	−34
2	K27+208.278	282509.417	500843.998	14.571	282509.418	500843.993	14.546	1	−5	−25
3	K27+213.079	282514.215	500844.145	14.588	282514.216	500844.127	14.575	1	−18	−13
4	K27+217.885	282519.020	500844.288	14.605	282519.022	500844.262	14.588	2	−26	−17
5	K27+222.688	282523.820	500844.428	14.622	282523.823	500844.392	14.599	3	−36	−23
6	K27+227.490	282528.621	500844.565	14.638	282528.621	500844.526	14.617	0	−39	−21
7	K27+232.284	282533.413	500844.697	14.655	282533.413	500844.667	14.634	0	−17	−21
8	K27+237.096	282538.223	500844.826	14.672	282538.223	500844.809	14.660	0	−21	−12
9	K27+241.894	282543.020	500844.949	14.689	282543.020	500844.928	14.670	0	−21	−19
				......						
29	K27+337.958	282639.071	500846.056	15.025	282639.071	500846.044	15.000	0	−12	−25
30	K27+342.772	282643.886	500846.033	15.042	282643.887	500846.040	15.022	1	7	−20

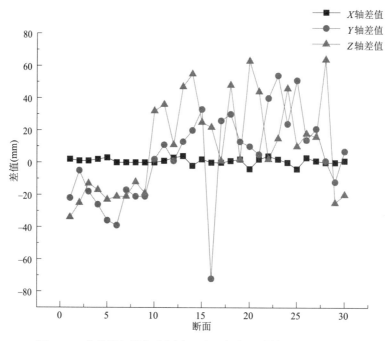

图 5-11 曲线段扫描仪实测中心点坐标与设计值坐标差值对比

在曲线段 30 个断面中，扫描仪实测值与设计值在 X 轴向上的差值都在 ±5mm 内；扫描仪实测值与设计值在 Y 轴和 Z 轴上的差值变化较大，最大值为里程 K27+275.501（断面 16）处的差值 ±72mm。根据规范要求，成型隧道轴线平面和高程允许偏差都为 ±100mm，该试验段隧道轴线平面位置和高程符合是规范要求的。

同样，对选取的曲线段隧道扫描仪实测值进行精度评定，得到的坐标的差值如表 5-9 所示，然后计算扫描仪中心点坐标的点位精度，结果如表 5-10 所示。

曲线段扫描仪实测中心点坐标与全站仪实测坐标对比　　　　表 5-9

断面	里程(m)	实测值(全站仪)(m)			实测值(扫描仪)(m)			差值(mm)		
		x	y	z	x	y	z	Δx	Δy	Δz
1	K27+203.483	282504.625	500843.822	14.529	282504.626	500843.827	14.520	1	5	−9
2	K27+208.278	282509.417	500843.989	14.549	282509.418	500843.993	14.546	1	4	−3
3	K27+213.079	282514.216	500844.129	14.569	282514.216	500844.127	14.575	0	−2	6
4	K27+217.885	282519.021	500844.264	14.586	282519.022	500844.262	14.588	1	−2	2
5	K27+222.688	282523.821	500844.398	14.602	282523.823	500844.392	14.599	2	−6	−3
6	K27+227.490	282528.622	500844.528	14.619	282528.621	500844.526	14.617	−1	−2	−2
7	K27+232.284	282533.414	500844.674	14.643	282533.413	500844.667	14.634	−1	−7	−9
8	K27+237.096	282538.223	500844.810	14.659	282538.223	500844.809	14.660	0	−1	1
9	K27+241.894	282543.020	500844.933	14.672	282543.020	500844.928	14.670	0	−5	−2
			……							
29	K27+337.958	282639.071	500846.053	15.005	282639.071	500846.044	15.000	0	−9	−5
30	K27+342.772	282643.886	500846.035	15.030	282643.887	500846.040	15.022	1	5	−8

5 盾构隧道断面椭圆拟合及关键参数分析

曲线段中心点坐标精度统计（单位：mm） 表 5-10

中误差	σ_x	σ_y	σ_z	σ_p
误差大小	±0.92	±7.67	±8.48	±11.47

由表 5-9 和表 5-10 可知：曲线段全站仪实测中心点坐标与扫描仪实测值在 X 轴方向上差值都在±3mm 以内，Y 轴、Z 轴方向上差值都在 10mm 以内，扫描仪实测值在 X 轴、Y 轴、Z 轴方向上的中误差分别为±0.92mm、±7.67mm、±8.48mm，空间点位的中误差为±11.47mm。通过对比可以得到：三维激光扫描技术能够测出盾构隧道曲线段断面中心点的坐标，精度能够达到±11.47mm。曲线段扫描仪实测中心点坐标与全站仪实测坐标差值对比见图 5-12。

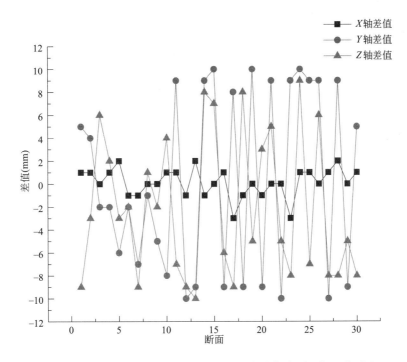

图 5-12 曲线段扫描仪实测中心点坐标与全站仪实测坐标差值对比

同样，应用基于代数距离的最小二乘法拟合断面，计算求得的 30 个曲线段断面中心点坐标与全站仪的差值，由中误差计算得到该方法的点位精度统计如表 5-11 所示。

基于代数距离的最小二乘法曲线段中心点坐标精度（单位：mm） 表 5-11

中误差	σ_x	σ_y	σ_z	σ_p
误差大小	±15.05	±75.20	±50.27	±91.70

由表 5-10 和表 5-11 对比两种方法与全站仪测量结果的误差大小可知，第 5.2 节提出的椭圆拟合方法具有较高的精度，同样适用于曲线段隧道断面椭圆拟合及中心点坐标的求取。

5.3.1.3 基于隧道断面的极值法计算断面中心点

基于空间圆拟合算法计算隧道断面坐标是先将断面三维坐标数据转换到平面内，进行平面圆心坐标的拟合，再将拟合的圆心坐标转换到原始坐标系，从而得到空间圆的圆心坐标，但这种方法计算过程中难免会加入计算误差，降低了空间圆拟合的精度。

《盾构法隧道施工与验收规范》GB 50446—2017 中规定：轴线高程测量采用水准仪，通常以隧道底点高程作为起算点；但由于盾构隧道底面常常有积水、淤泥等不利因素会对测量结果的精度有较大的影响，并且传统方法费时费力。

针对圆形盾构隧道，可以采用空间定向 K 近邻的计算方法对每个节点进行平面拟合，定义点云法向量为计算点与搜索邻近的 7 个点所拟合的平面的法向量，求出通过隧道顶点的点云法向量和平面方程。利用最小二乘方法求出隧道顶点平面位置和高程点云数据。依托工程案例一，考虑盾构隧道底面积水、淤泥等不利因素，建议选取断面厚度为 4mm，横断面点云到隧道下平面的距离选取为 2mm，将选取的点进行数据算数平均值处理后的点云即为隧道底点高程。同理，三维激光扫描实测隧道顶点高程数据原理相同，通过计算隧道底高程与隧道顶高程的平均值求出隧道中轴线高程。通过计算四个极值点（图 5-13），进而计算出隧道中心点的坐标，按照轴线高程提取的方法，如表 5-12 所示对比计算 20 个隧道断面点云数据的三维激光扫描仪与全站仪实测隧道断面中心点高程。

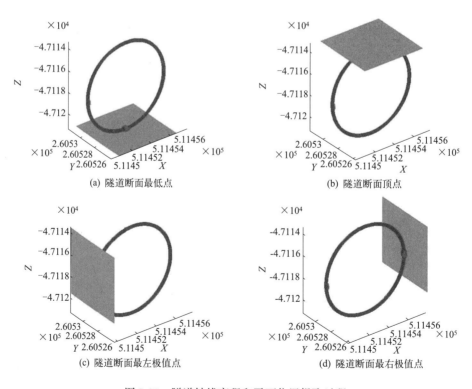

图 5-13 隧道轴线高程和平面位置提取过程

扫描仪与全站仪实测隧道中轴线高程记录表 表 5-12

里程	隧道中线设计坐标			三维激光扫描实测高程	全站仪中轴线实测高程	φ	γ	$\|\varphi-\gamma\|$	允许值
	X(m)	Y(m)	Z(m)						
*108.010	*406.765	*755.859	17.483	17.545	17.543	0.062	0.060	0.002	0.100
*112.822	*411.57	*755.605	17.515	17.584	17.584	0.069	0.069	0.000	0.100
*117.617	*416.359	*755.353	17.546	17.616	17.614	0.070	0.068	0.002	0.100
*122.416	*421.151	*755.101	17.577	17.635	17.634	0.058	0.057	0.001	0.100
*127.216	*425.945	*754.849	17.609	17.664	17.663	0.055	0.054	0.001	0.100
*132.025	*430.747	*754.598	17.639	17.698	17.696	0.059	0.057	0.002	0.100
*136.819	*435.535	*754.349	17.671	17.733	17.730	0.062	0.059	0.003	0.100
*141.625	*440.334	*754.1	17.701	17.763	17.765	0.062	0.064	0.002	0.100
*146.432	*445.134	*753.853	17.733	17.797	17.795	0.064	0.062	0.002	0.100
*151.235	*449.931	*753.608	17.765	17.823	17.820	0.058	0.055	0.003	0.100
*156.034	*454.724	*753.365	17.795	17.852	17.853	0.057	0.058	0.001	0.100
*170.436	*469.109	*752.651	17.889	17.926	17.925	0.037	0.036	0.001	0.100
*175.235	*473.902	*752.418	17.921	17.964	17.962	0.043	0.041	0.002	0.100
*180.039	*478.701	*752.188	17.951	17.999	17.997	0.048	0.046	0.002	0.100
*184.883	*483.539	*751.96	17.983	18.043	18.042	0.060	0.059	0.001	0.100
*189.687	*488.337	*751.738	18.014	18.067	18.068	0.053	0.054	0.001	0.100
*194.489	*493.134	*751.516	18.045	18.093	18.095	0.048	0.050	0.002	0.100
*199.281	*497.922	*751.3	18.077	18.126	18.124	0.049	0.047	0.002	0.100
*204.081	*502.717	*751.086	18.107	18.154	18.153	0.047	0.046	0.001	0.100
*208.895	*507.527	*750.876	18.140	18.183	18.182	0.043	0.042	0.001	0.100

注：φ 是全站仪实测值与设计值之差；γ 是三维激光扫描仪实测值与设计值之差，单位未标注的默认都是 m。

5.3.2 隧道衬砌椭圆度分析

椭圆度分析是盾构隧道断面分析的重要方式之一。隧道发生渗漏水、管片错台漏水等现象时，管片会发生变形，椭圆度会发生较大变化，椭圆度不仅在隧道的变形监测中起着重要的作用，在管片拼装过程和成型隧道验收中也有明确的要求：地铁隧道在管片拼装过程中衬砌环椭圆度允许偏差为±5‰，成型地铁隧道的衬砌环椭圆度允许偏差为±6‰。

通过前述过程对得到的断面点云进行椭圆的拟合，如图 5-14 所示，在此基础上利用式(5-15)进行长短轴的计算求取椭圆度：

$$T=(a-b)/D \tag{5-15}$$

式中，T 为椭圆度；a 为隧道椭圆长轴；b 为隧道椭圆短轴；D 为盾构隧道的直径。

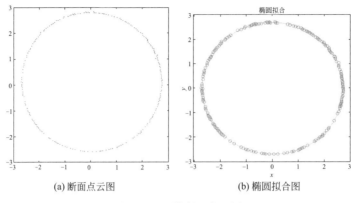

(a) 断面点云图　　　　　　　(b) 椭圆拟合图

图 5-14　二维断面点云图

从表 5-13 可以看出 30 个断面中椭圆度最大的断面位于里程 K28＋696.709（断面 17），达到 5.248‰，规范[1]中规定，成型地铁隧道的椭圆度限制为±6‰内。上述结果表明试验段隧道的椭圆度在规范限值之内，同时也表明通过本书提出的椭圆拟合方法计算得到的数据具有一定的精确度。

断面椭圆度　　　　　　　　　　表 5-13

断面	里程(m)	长轴 a(m)	短轴 b(m)	椭圆度(‰)	$\dfrac{\Phi}{2}$	$\dfrac{\Phi}{2}$
1	K28＋655.127	3.954	3.935	4.817	3.8	14.9
2	K28＋659.939	3.956	3.940	4.171	6.0	10.5
3	K28＋664.742	3.954	3.935	4.756	3.8	14.9
4	K28＋671.138	3.969	3.966	1.206	19.3	16.5
5	K28＋677.501	3.955	3.929	4.125	4.7	21.0
6	K28＋682.297	3.952	3.944	1.991	1.6	6.3
7	K28＋687.090	3.955	3.943	3.093	5.4	6.8
			……			
17	K28＋696.709	3.965	3.944	5.248	15.2	5.6
			……			
29	K28＋783.179	3.964	3.944	5.166	14.1	6.3
30	K28＋787.970	3.957	3.938	4.646	6.8	11.5

5.4　小结

首先介绍了隧道断面椭圆拟合的重要性，分析了常用的隧道断面椭圆拟合的方法、适用范围和优缺点。

其次结合随机原理与最小平方中值法进行隧道断面椭圆拟合，并应用莱特准则优化该算法，提高算法的精度。

最后结合工程案例，分析隧道的中心点坐标及椭圆度。结合工程案例二基于空间圆算法计算中心点坐标，结合工程案例一分别采用最小平方中值法拟合椭圆、隧道断面的极值法计算断面中心点。

选取工程案例一隧道的 30 个断面，对断面进行椭圆拟合并计算中心点坐标，结果表明试验段隧道的椭圆度在规范限值之内，同时也表明通过本书中提出的椭圆拟合方法计算得到的数据具有一定的精确度。

参考文献

[1] 王博群．基于三维激光扫描技术的地铁隧道断面提取及应用研究［D］．北京：北京工业大学，2019．

[2] 陈若珠，孙岳．基于最小二乘法的椭圆拟合改进算法研究［J］．工业仪表与自动化装置，2017（2）．

[3] 曹俊丽，李居峰．基于莱特准则的椭圆拟合优化算法［J］．计算机应用，2017（1）：273-277．

6 隧道断面关键信息挖掘

目前随着城市化进程的快速发展，隧道工程的建设越来越多，在隧道施工、竣工以及运维期间，都需要对隧道进行量测分析，隧道的量测分析主要包括施工期的变形监测、竣工期的验收和运维期的变形分析等。目前在隧道量测分析中，应用较多的是全站仪、水准仪、GPS、卷尺、厚度塞尺、收敛计、光纤维监测仪等，这些方法能够提供较为准确的数据，但是也存在诸多缺点，比如单点监测、外界条件影响大、效率低等。三维激光扫描具有监测范围广、无光条件下也可以工作的特点，克服了传统方法存在的缺陷，可以高效地获取隧道的点云数据，通过对点云数据进行处理可以得到量测分析结果，这种省时、省力、智能化较高的方法在隧道量测分析中将有较大的应用价值。

6.1 盾构隧道断面关键信息分析

6.1.1 断面坐标对比

基于前述运用空间圆形拟合得到隧道断面中心点和断面半径，将设计断面中心坐标与实测断面中心坐标进行叠加分析，通过如图 6-1 所示的方式确定实测断面和设计断面的相对位置。点 O 和点 O' 分别为断面设计中心点和实测断面中心点经过旋转、平移，然后投影到 YOZ 面上的中心点，为便于计算，保持点 O 和点 O' 的相对位置不变，把点 O 平移到原点。在断面相对位置确定后，对实测断面在各个角度的差值进行计算，直接利用提取的断面点到设计断面的距离进行表示，在图 6-1 中，OD 和 OB 是盾构隧道的设计半径 R，P 为实测断面点云中的任意一点，则图 6-1 中：

$$PD = \sqrt{P_x^2 + P_y^2} - R \qquad (6-1)$$

PD 表示在角度为 α 方向上实测值与设计值的差值。首先根据式(6-1)计算出实测断面上所有点与设计断面的差值，然后以 O 点为起点，以 X 轴正方向开始每 5° 为一个区间，将每个区间上所有点的差值进行平均化，将每个区间的平均值在实测断面与设计断面对比图中进行可视化。为了可以更加直观地显示断面一周的差值变化情况，建立以断面点所在位置与 X 轴正方向所成角度 α 为 X 轴，对应方向上的差值 Δ 为 Y 轴的坐标系。

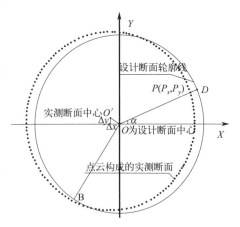

图 6-1 断面叠加示意图

6.1.2 盾构隧道衬砌管片错台分析

隧道衬砌管片错台是指隧道内相邻的两个环片衔接处产生相对位移的现象，主要分为衬砌环间错台和衬砌环内错台，如图 6-2 所示。产生错台的原因主要是相邻管片受到的外力不均匀。一方面，在施工过程中的管片安装期间当某一点受到的集中荷载超过了设计极限值后，隧道管片发生偏压现象，随之就会发生管片错台现象；另一方面，在管片安装之后，由于隧道围岩条件发生改变，使相邻管片间的受力发生改变也会导致管片发生错台现象。管片错台位置处往往会导致管片的破损开裂、进而导致密封的止水带受到一定的损害，伴随着漏水和渗水现象。对隧道管片错台检测不仅是隧道施工过程、竣工验收的重要部分，也是隧道运维期间变形监测的重要内容。管片错台的检测不仅体现在地铁隧道的建设过程中，更重要的是它还关系到地铁隧道的长久安全运营。因此，对盾构地铁隧道进行高效的管片错台检测具有重要的工程应用意义。《盾构法隧道施工与验收规范》GB 50446—2017 中第 9.3.5 节规定管片拼装允许偏差和第 16.0.5 节规定成型隧道验收的允许偏差，如表 1-4 所示。本节主要针对管片在轴向上的环间错台和环向上的环内错台进行研究。

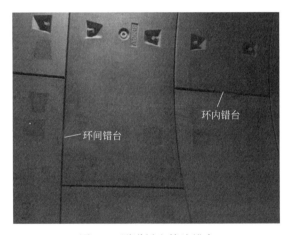

图 6-2 隧道衬砌管片错台

6.1.2.1 衬砌管片环内错台

地铁隧道的管片环内错台分析主要基于隧道同一环对应的管片点云数据，是对隧道同一环的断面点云数据进行分析。通过提取里程方向对应某一环的断面点云数据，在二维断面上进行分析，检验断面点云数据是否有突变，根据点云数据的突变量来判断隧道同一环相邻管片的错台情况，具体原理如图 6-3 所示，计算过程中角度的定义如图 6-4 所示。

如图 6-3 所示，该环断面由四种不同的管片拼装而成，若 A 型管片和 B_1 型管片间发生了环内错台现象，此时最明显的特征是 A 型管片的末端 A 点和 B_1 型管片的末端 B 点与断面中点 O 的距离存在差值，并且此位置处的错台量就是 A、B 两点与 O 点的距离之差，即 $d=OA-OB$。为能够准确、快速地判断出管片错台位置和错台量，本研究首先计算所有断面点到断面中心点 O 的距离 D，然后计算 D 与断面设计半径之差 Δ，根据每个

点对应的角度 α 和 Δ 值建立以 α 为横轴 Δ 为纵轴的坐标系，从 360°显示 Δ 与 α 之间的关系，根据 Δ 有无突变判断环内错台的有无，突变大小即为错台量大小。由实测点云数据处理，得到的管片环内错台位置的显示情况如图 6-5 所示。

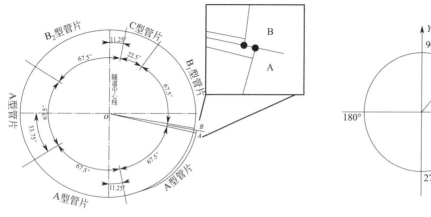
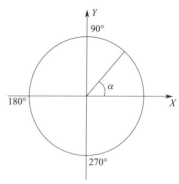

图 6-3　环内管片错台示意图　　　　　　　　图 6-4　极坐标示意图

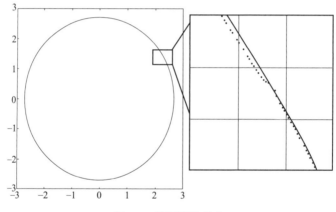

图 6-5　实测管片错台

判断衬砌管片环内错台现象的具体步骤如下：

（1）提取任意里程 y_1 对应的断面点云数据，并通过数据转换到二维平面上，即得到环数 1 对应的二维断面点云数据；

（2）计算所有断面点到断面中心点 O 的距离 D、计算 D 与断面设计半径之差 Δ，并计算每个断面点对应的角度值 α；

（3）建立以 α 为横轴 Δ 为纵轴的坐标系，从 0°~360 范围内显示 Δ 与 α 之间的关系；

（4）根据 Δ 有无突变判断有无环内错台现象，计算突变量大小即为错台量大小。

6.1.2.2　衬砌管片环间错台

地铁隧道的管片环间错台分析是基于隧道内衬砌的纵向相邻两个环数对应的管片，是对隧道相邻两个环数对应的轴向点云数据进行分析。通过提取相邻两个环数轴向的点云数据，检验断面点云数据是否存在突变处，根据点云数据的突变量来判断隧道相邻两环管片的错台情况，具体原理为：通过提取隧道某环对应角度为 α 的轴向的点云数据，将选取的点云数据通过旋转、投影到平面 $abcd$ 上进行分析,如图 6-6 所示。

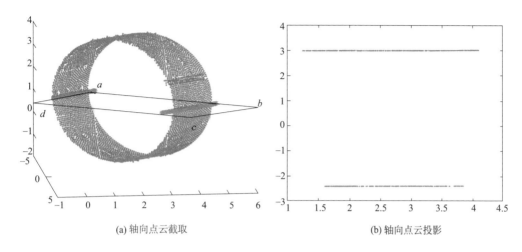

(a) 轴向点云截取　　　　　　　　　　　(b) 轴向点云投影

图 6-6　轴向点云提取过程图

若在两环管片连接处发生了环间管片错台,如图 6-7 中 1 环和 2 环连接处发生了环间错台,最重要的特征是在 1 环的尾部 B 点和 2 环的始部 C 点到某一直线的距离发生了突变,突变量的大小为管片环间错台量,即 $\Delta = CF - BE$。

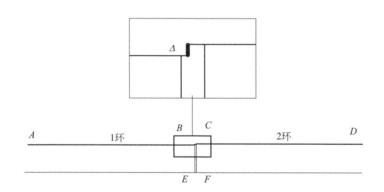

图 6-7　环间错台量原理图

将衬砌管片环间错台检测的具体步骤分解如下:

(1) 提取任意里程 y_1 附近的点云数据,即环数 1 对应附近的点云数据(要包括相邻两环的点云数据);

(2) 提取极坐标角度为 α($\alpha+180°$)的轴向点云数据,将选取的点云数据通过旋转、投影到平面上;

(3) 计算轴向的点云数据中每个点与拟合直线的距离 Δ;

(4) 根据 Δ 有无突变判断有无环内错台现象,计算突变量大小即为错台量大小。

(5) 根据以上过程计算其他角度对应的环间错台情况。

图 6-8 为环间错台量提取过程示意图。

隧道管片的环间错台与环内错台息息相关,在图 6-9 中,环间错台位置 1 处错台量很

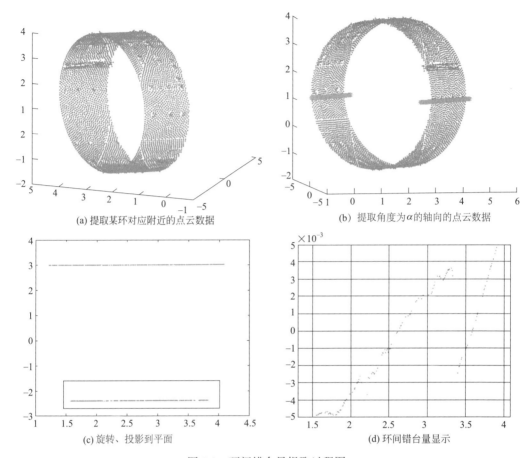

图 6-8 环间错台量提取过程图

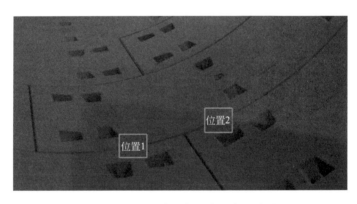

图 6-9 环间错台量与环内错台量关系

小,在位置 2 处错台量突然增大,这是由于在位置 1 与位置 2 中间发生了环内错台现象,导致环间错台量骤变,环间错台量并不一定在 360° 内变化平缓、连续,可能会发生骤变和一定区间内反复变化的情况。因此,在提取环间错台量的过程中,要尽可能多地提取不同角度对应的环间错台量,这样才能全面地反映实际的环间错台量变化情况。

6.2 矿山法隧道断面关键信息挖掘

6.2.1 隧道坐标对比

矿山法等断面形式的隧道断面提取，同样是在提取隧道不同里程轴线方向后，根据隧道的设计文件得到该里程的设计坐标(X,Y,Z)，利用轴线的方向$(1,a,b)$和设计坐标得到该里程对应的平面方程，如式(4-12)所示；利用点到平面的距离进行断面的截取，合理设置点到平面的距离k，根据式(4-13)进行隧道的断面截取。

满足式(4-13)的点组成的集合即为点云数据在里程点P处的截取断面。图 6-10 为在原始坐标（绝对坐标）下截取的某一断面。

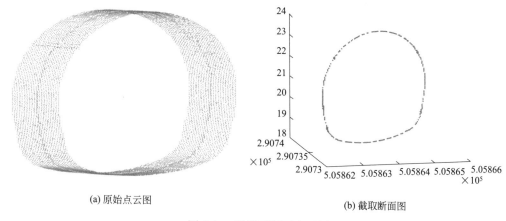

(a) 原始点云图　　　　　　　　(b) 截取断面图

图 6-10　马蹄形断面点云图

此时得到的断面图是在绝对坐标下的三维断面图，通过对三维断面点云上下、左右部分进行重心法的计算，可以得到断面的中心点坐标，通过式(6-2) 计算：

$$\begin{aligned} X &= \left(\sum_{i=1}^{n} x_i\right)/n \\ Y &= \left(\sum_{i=1}^{n} y_i\right)/n \\ Z &= \left(\sum_{i=1}^{n} z_i\right)/n \end{aligned} \quad (6\text{-}2)$$

把三维断面图旋转、平移，投影在二维断面图上，进行二维断面分析；通过 MATLAB 编程软件把马蹄形断面图导入 CAD 软件中，与设计断面图纸进行对比分析。

图 6-11(a) 所示为设计断面图，图 6-11(b) 为点云连线构成的点云断面图，在 CAD 软件中进行实际高度和宽度的测量，通过比较断面宽度、高度和设计断面的差值来判断断面的实际验收情况：

$$\Delta h = h_{设} - h_{测} \quad (6\text{-}3)$$

$$\Delta b = b_{设} - b_{测} \quad (6\text{-}4)$$

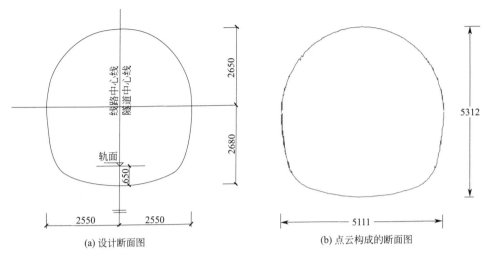

图 6-11 马蹄形二维断面

式(6-3)和式(6-4)中,$h_{设}$、$h_{测}$ 分别为断面高度的设计值和实测值;$b_{设}$、$b_{测}$ 分别为断面宽度的设计值和实测值;Δh 和 Δb 分别为高度和宽度的设计值与实测值的差值,将实测断面的轨道面与宽度方向的中线的交点作为基点,与设计断面叠加进行分析,即使设计断面的 O 点与实测断面的 O' 点重合,进行断面的径向分析。

6.2.2 隧道超欠挖分析

以设计的隧道开挖轮廓线为基准,实际开挖的断面在基准线以外的部分为超挖区域、在基准线以内的部分为欠挖区域,通过设计断面与实测断面的叠加分析可得到隧道不同断面的超挖和欠挖区域。

通过计算设计断面轮廓所围成的面积与实测断面轮廓组成的面积的差值,来判断该断面总体超欠挖情况,将每个断面对应的超欠挖面积与对应里程长度相乘,得到该区段范围内的土方量的结果,首先计算任意断面的超欠挖情况,如式(6-5)所示。

$$\Delta S = S_{设} - S_{测} \tag{6-5}$$

式中,$S_{设}$、$S_{测}$ 分别为设计断面轮廓所围成的面积和实测断面轮廓组成的面积,由 ΔS 的正负大小来判断该断面的超欠挖情况,如果 $\Delta S > 0$,则该断面为欠挖;如果 $\Delta S < 0$,则该断面为超挖。首先计算两个相邻断面的超欠挖情况,分别为 ΔS_1、ΔS_2,然后计算两个断面里程的距离 ΔL。

$$\Delta L = L_1 - L_2 \tag{6-6}$$

式中,L_1、L_2 分别为断面1和断面2的里程数,则在 L_1 到 L_2 里程范围内超欠挖的土方量可计算为:

$$V = \frac{\Delta L \times (\Delta S_1 + \Delta S_2)}{2} \tag{6-7}$$

6.3 工程应用

6.3.1 断面坐标对比分析

按照前述方法对比盾构法隧道坐标，对工程案例二中截取的断面进行姿态调整和断面分析，得到里程 45055.588 处的断面 7 的断面变形图，如图 6-12 所示，然后再计算差值角度分布图，如图 6-13 所示。

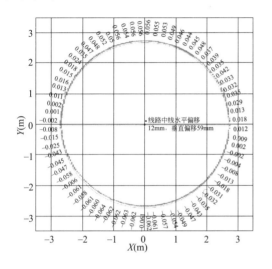

图 6-12 断面变形图

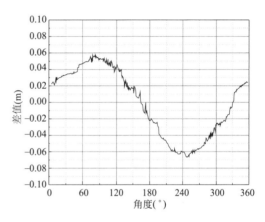

图 6-13 差值角度分布图

在图 6-12 中，线路中线点的偏移量由断面中心实测值和设计值经过式（4-15）旋转、平移，然后投影到平面后计算所得，Δx 为 12mm，Δy 为 59mm；以设计断面为基准，将实测断面每 5°记为一个差值监测区域，沿断面一周共 72 个监测区域（由于点云拼接、去噪等过程，可能导致点云在某位置稀疏）。从图中我们可以看出：差值较大区域主要分布在隧道拱顶部分和底部，隧道拱顶区域差值最大值为 0.056m，底部差值最大值为 -0.063m，造成这种现象的主要原因为断面中心点上移 59mm，右移 12mm，使隧道在该断面处整体抬升 59mm、右移了 12mm；在图 6-13 中可以看出隧道断面差值在 360°内的详细变化情况，在 90°和 270°左右分别达到了正值最大值和负值最大值，绝对值都在 60mm 左右，结果与在图 6-13 中分析的结论基本一致。

6.3.2 隧道衬砌错台分析

6.3.2.1 管片环内错台检测

按照环内错台量的计算方法，计算工程案例二中得到的 12 个断面的环内错台量，以断面 9 的数据处理结果为例进行说明，如图 6-14 所示。在图 6-14(a) 中：Δ 在 0~360°范围内总共有明显的 4 处突变，可以判断：该环断面发生了 4 处环内错台较大的现象，对应极坐标位置分别为 55°、80°、145°、280°附近，根据错台发生的位置可以判断该环为

图 6-14(b) 的拼装方式：位置 1 (55°附近) 为 B_1 型管片与 C 型管片拼接处、位置 2 (80° 附近) 为 C 型管片与 B_2 型管片拼接处、位置 3 (145°附近) 为 B_2 型管片和 A 型管片拼接处、位置 4 (210°附近) 为 A（左）型管片和 A（中）型管片拼接处、位置 5 (280°附近) 为 A（中）型管片和 A（右）型管片拼接处、位置 6 (350°附近) 为 A 型管片和 B_1 型管片拼接处；其中位置 4 无明显突变现象，因此定义位置 4 的管片拼接良好，无错台现象发生；位置 6 有突变量，但突变量较小，约为 0.6mm。突变发生的位置和断面的拼装方式能够验证该方法的准确性。在 6 个环内管片拼接处，位置 3 的突变量最大，为 5.8mm。因此，通过纵轴为 Δ、横轴为 α 的散点图，可以判断该环的拼装方式，可以确定该环有明显的环内错台现象发生，最大环内错台量为 5.8mm，发生在 B_2 型管片和 A 型管片拼接处。

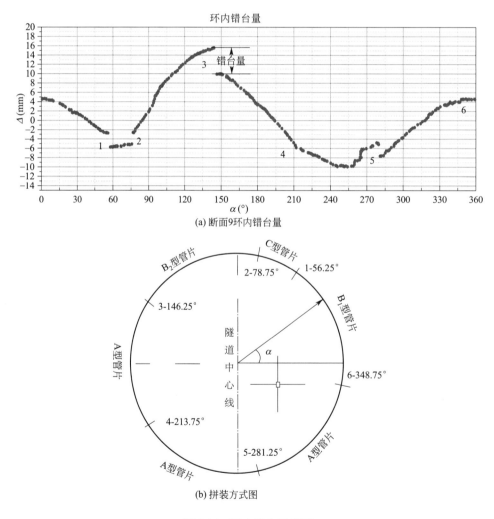

图 6-14 环内错台示意图

其余 11 个断面的环内错台量的计算结果图如图 6-15 所示。

6 隧道断面关键信息挖掘

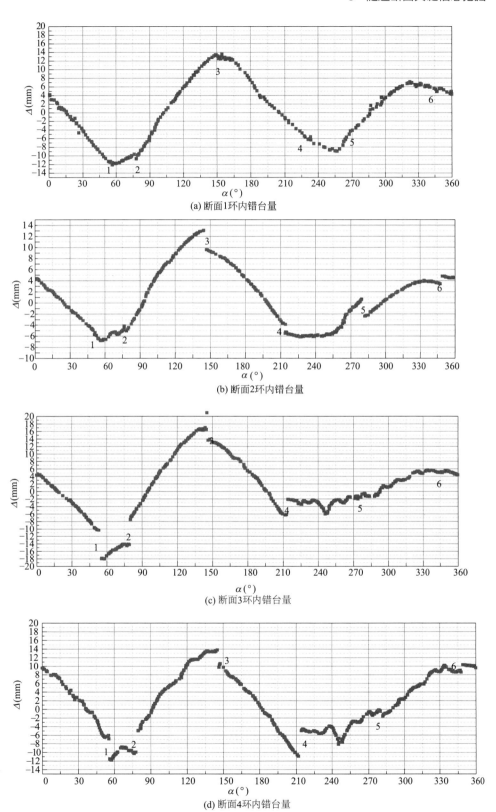

图 6-15 断面 1-8 环、10-12 环的环内错台量（一）

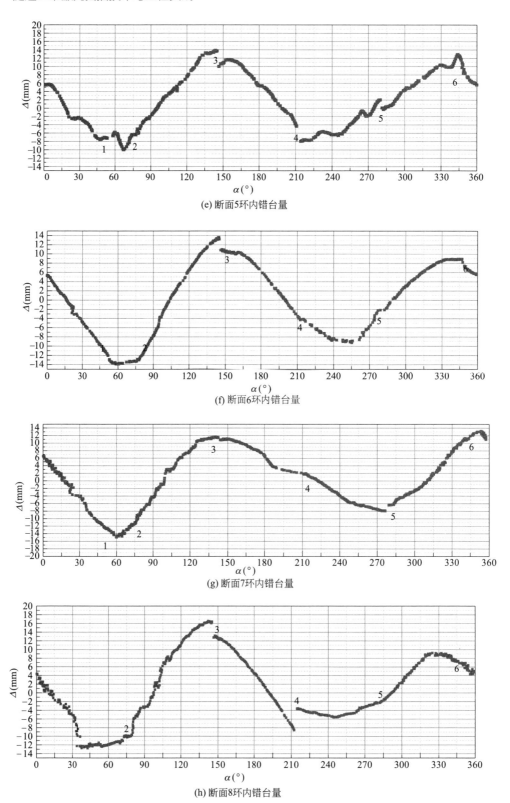

图 6-15 断面 1-8 环、10-12 环的环内错台量（二）

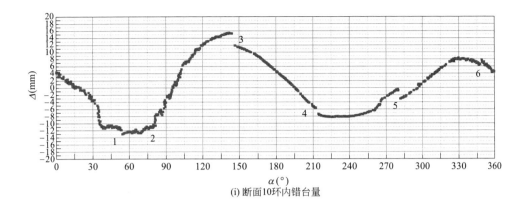
(i) 断面10环内错台量

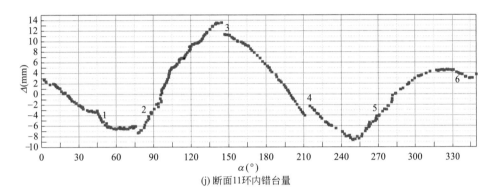
(j) 断面11环内错台量

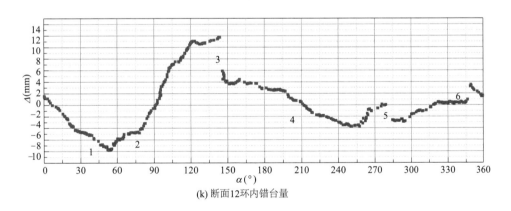
(k) 断面12环内错台量

图 6-15　断面 1-8 环、10-12 环的环内错台量（三）

本研究提取得到的 12 个断面，是采用每 4 环提取一个断面，试验段的管片衬砌环采取错缝拼装方式，因此 12 个断面为同一种拼装方式，图 6-15 也验证了断面拼装方式的类别，图中 1 至 6 点分别对应六个相邻管片的拼接处，依次为 B_1 管片和 C 管片、C 管片和 B_2 管片、B_2 管片和 A 管片、A（左）管片和 A（中）管片、A（中）管片和 A（右）管片、A 管片和 B_1 管片，对得到的 12 个断面的环内错台量进行计算、统计的结果如表 6-1 所示。

点云数据计算环内错台量统计表　　　　　　表 6-1

断面	环内错台量 $C_{计}$(mm)					
	1	2	3	4	5	6
1	~	0.5	~	~	~	~
2	~	0.6	3.5	2.1	3.1	1.4
3	7.1	5.6	2.9	4.8	~	~
4	5.3	4.9	3.9	6.1	~	2.1
5	~	~	3.1	2.9	2	~
6	~	~	2.5	~	-	1.2
7	~	~	0.6	~	1.7	~
8	1.7	~	2.7	4.8	~	~
9	2.9	2.3	5.8	~	2.9	0.6
10	1.2	~	2.9	1.7	2.5	0.9
11	~	1.4	2.4	2.1	~	~
12	~	~	5.1	~	2.6	2.7

表 6-9 中"~"表示错台量小于 0.5mm，根据点云分布的突变情况不能准确地计算出来，在此定义两个相邻管片拼装精确，中间无环内错台现象，即环内错台量为 0。为了验证本研究方法的准确性，本文在隧道内对上文得到的 12 个断面的环内错台用直尺进行了直接测量，测量结果如表 6-2 所示。

现场测量环内错台量统计表　　　　　　表 6-2

断面	环内错台量 $C_{测}$(mm)					
	1	2	3	4	5	6
1	0	1	0	1	0	0
2	0	1	5	3	4	3
3	9	7	4	6	0	1
4	6	6	6	7	1	3
5	1	0	4	5	2	1
6	0	0	1	1	2	4
7	0	0	2	0	3	0
8	1	0	4	6	0	1
9	4	4	5	0	4	2
10	3	0	4	2	4	1
11	0	2	3	3	0	0
12	0	0	6	0	4	4

将现场测量的计算结果和点云数据计算的结果进行对比分析，得到了每个断面不同位置的测量值与点云结果计算值差值情况，如表 6-3 所示。

环内错台量差值统计表　　　　　　　　　　　　　　　表6-3

断面	测量值与点云结果计算值差值($\Delta C = C_{计} - C_{测}$)(mm)					
	1	2	3	4	5	6
1	0	−0.5	0	−1	0	0
2	0	−0.4	−1.5	−0.9	−0.9	−1.6
3	−1.9	−1.4	−1.1	−1.2	0	−1
4	−0.7	−1.1	−2.1	−0.9	−1	−0.9
5	−1	0	−0.9	−2.1	0	−1
6	0	0	1.5	−1	−2	−2.8
7	0	0	−1.4	0	−1.3	0
8	0.7	0	−1.3	−1.2	0	−1
9	−1.1	−1.7	0.8	0	−1.1	−1.4
10	−1.8	0	−1.1	−0.3	−1.5	−0.1
11	0	−0.6	−0.6	−0.9	0	0
12	0	0	−0.9	0	−1.4	−1.3

将测量值作为似真值，根据以下公式进行精度评定，分别计算12个断面所有管片连接处环内错台量的最大误差、平均误差和中误差。

$$\Delta_1 = \pm \max\left\{\sqrt{\Delta C^2}\right\} \tag{6-8}$$

$$\Delta_2 = \pm \frac{\sum \sqrt{\Delta C^2}}{N} \tag{6-9}$$

$$\Delta_3 = \pm \sqrt{\frac{\sum \Delta C^2}{N}} \tag{6-10}$$

其中，N 为12个断面所有管片连接处的个数，共为72，Δ 越小说明利用点云计算的精度越高，Δ 越大说明精度越低，利用以上公式计算的误差统计结果如表6-4所示。

环内错台量误差统计表　　　　　　　　　　　　　　　表6-4

评价指标	最大误差 Δ_1(mm)	平均误差 Δ_2(mm)	中误差 Δ_3(mm)
误差	2.8	0.78	1.04

6.3.2.2 管片环间错台检测

地铁隧道的管片环间错台分析主要基于隧道内衬砌的纵向相邻两个环数对应的管片，是对隧道相邻两个环数对应的断面进行分析。通过提取相邻两个环数轴向的点云数据，检验断面点云数据是否有突变处，根据点云数据的突变量来判断隧道相邻两环管片的错台情况，具体计算过程参考第6.1.3节所述，分别计算上文得到的12个断面对应的环数与沿里程方向与相邻环数的环间错台量，下面以断面9与相邻两环对应点云的数据处理结果为例进行分析，如图6-16所示。提取极坐标对应为60°（240°）的相邻三环的错台情况，从图6-16(c)中可以看出：1环和2环、2环和3环之间都发生了环间错台现象，1环和2环之间的错台量约为5mm，2环与3环之间的错台量较小，约为1.7mm，两个错台发生的位置相距1.2m，与管片的宽度1.2m一致。

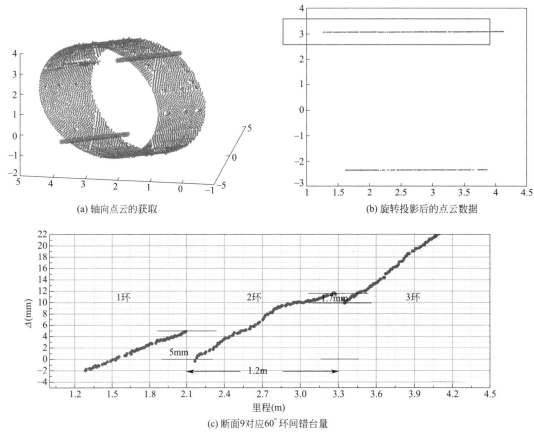

图 6-16 环间错台量过程图

本研究可以对极坐标下 0~360°范围内的任意角度的环间错台量进行提取，为便于统计计算，分别截取极坐标为 0°、30°、60°、90°、120°、150°、180°、210°、240°、270°、300°、330°对应的轴向点云数据，如图 6-17 所示，分别计算不同角度位置对应的环间错台量，比较这 12 个错台量的大小，最大值确定为该环的最大环间错台量，最终计算结果如图 6-18 所示。

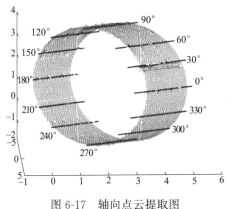

图 6-17 轴向点云提取图

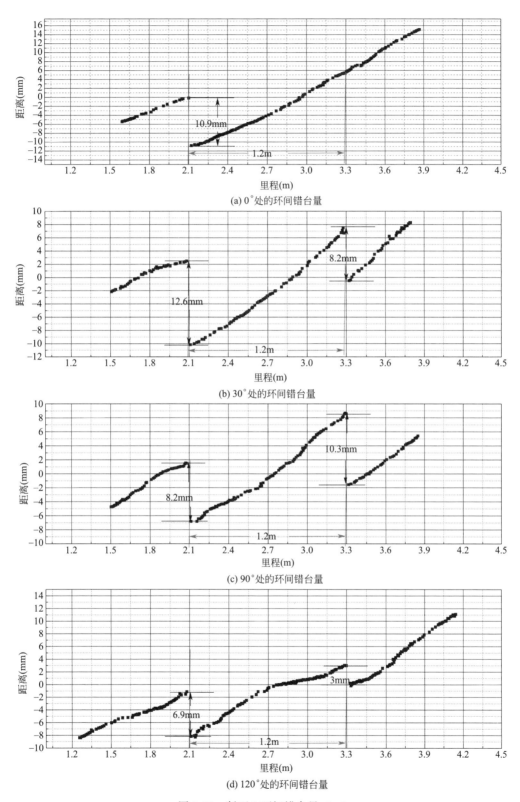

图 6-18 断面 9 环间错台量（一）

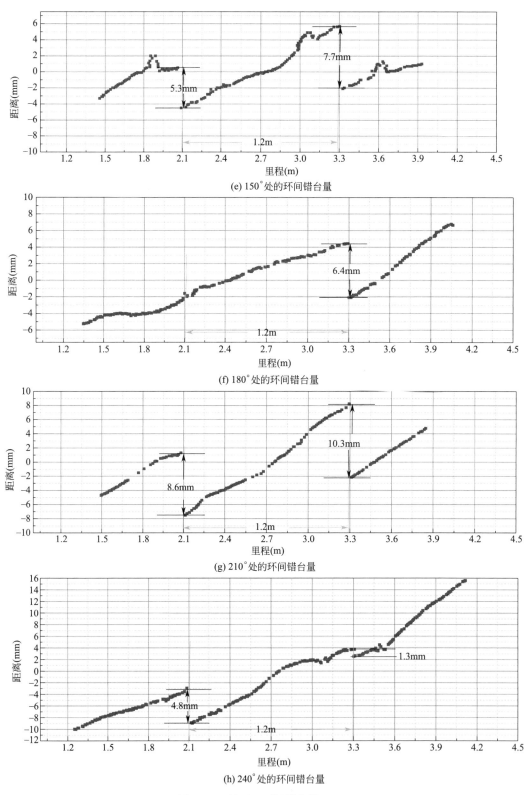

图 6-18 断面 9 环间错台量（二）

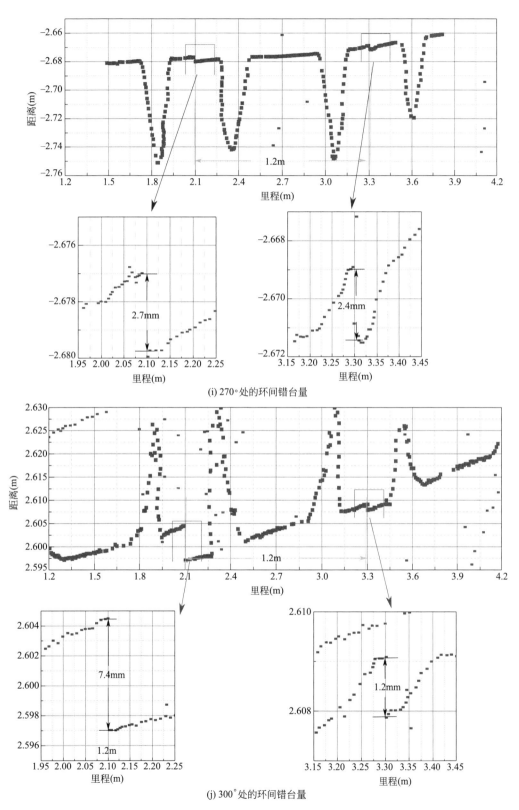

图 6-18 断面 9 环间错台量（三）

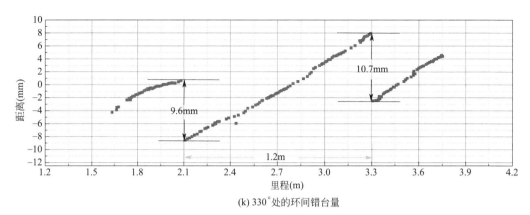

(k) 330°处的环间错台量

图 6-18　断面 9 环间错台量（四）

如图 6-18 所示，每一环的某一个点位对应的环间错台量有两个值，分别为与前一环和与后一环的环间错台量，分别记为 $d_{前}$ 与 $d_{后}$，对断面 9 对应 12 个点位的环间错台量统计如表 6-5 所示。

断面 9 环间错台量统计表　　　　　　　　　　　　　　表 6-5

位置	$d_{前}$(mm)	$d_{后}$(mm)	位置	$d_{前}$(mm)	$d_{后}$(mm)
0°	10.9	～	180°	～	6.4
30°	12.6	8.2	210°	8.6	10.3
60°	5	1.7	240°	4.8	1.3
90°	8.2	10.3	270°	2.7	2.4
120°	6.9	3	300°	7.4	1.2
150°	5.3	7.7	330°	9.6	10.7

表 6-5 中 "～" 表示错台量小于 0.5mm，由于突变量不能准确地计算出来，在此定义两个相邻管片拼装精确，中间无环间错台现象，即环间错台量为 0。在管片拼装过程中，是利用螺栓进行管片的固定，因此管片内会存在螺栓孔，如果计算选择区域落在螺栓孔内，就会出现图 6-18(i) 和图 6-18(j) 所示情形，利用局部放大同样可以得出突变量，环内错台量计算同样如此。为了验证本研究方法的准确性，本文对断面 9 对应 12 个点位的 24 个环间错台进行了直接测量，测量结果如表 6-6 所示。

测量断面 9 环间错台量统计表　　　　　　　　　　　　表 6-6

位置	$d'_{前}$(mm)	$d'_{后}$(mm)	位置	$d'_{前}$(mm)	$d'_{后}$(mm)
0°	12	0	180°	0	8
30°	14	7	210°	10	11
60°	6	3	240°	6	2
90°	9	11	270°	4	4
120°	8	4	300°	8	2
150°	6	9	330°	12	12

将现场测量的计算结果和点云数据计算的结果进行对比分析，得到了每个断面不同位置的测量值与点云结果计算值差值情况，Δd 为点云计算结果与测量结果之差，如表 6-7 所示。

环间错台量差值统计表　　　　　　　　　　　　　　　　　表 6-7

位置	$\Delta d_{前}$(mm)	$\Delta d_{后}$(mm)	位置	$\Delta d_{前}$(mm)	$\Delta d_{后}$(mm)
0°	−1.1	0	180°	0	−1.6
30°	−1.4	1.2	210°	−1.4	−0.7
60°	−1	−1.3	240°	−1.2	−0.7
90°	−0.8	−0.7	270°	−1.3	−1.6
120°	−1.1	−1	300°	−0.6	−0.8
150°	−0.7	−1.3	330°	−2.4	−1.3

将测量值作为似真值，对点云计算的环间错台量进行精度评定，分别根据式(6-8)、式(6-9) 和式(6-10) 计算管片环间错台量的最大误差、平均误差和中误差，计算结果如表 6-8 所示。

环间错台量误差统计表　　　　　　　　　　　　　　　　　表 6-8

评价指标	最大误差 Δ1(mm)	平均误差 Δ2(mm)	中误差 Δ3(mm)
误差	2.4	1.05	1.16

由表 6-4 和表 6-8 可以看出，相对于直接用直尺量出来的管片错台量，利用三维激光扫描点云数据计算得出环内错台量的中误差为±1.04mm，环间错台量的中误差为±1.16mm，分析原因有：

(1) 两种错台量的计算原理都是利用点云中特殊点的相对距离求得的，因此计算结果就和点云间距设置有较大的关系，在前期点云数据预处理阶段设置的点云间距为 2mm；

(2) 在点云数据预处理阶段会进行去噪过程，但并不一定能够把所有噪声点去除，会存在影响结果的噪点；

(3) 由于错台量在现场测量过程中，测量点与计算点的位置并不一定能够完全对应（一个环内错台量的测量选择范围有 1.2m 远；环间错台量的 12 个极坐标对应点位的具体位置选择也有较大误差）。

综上所述，环间错台量和环内错台量的最大误差都在±3mm 内，中误差在±1.2mm 内，相对于错台量的最大控制值 15mm，精度较高，具有较强的工程实用价值，可以应用到盾构隧道的错台量检测中。

6.4 矿山法隧道量测分析

6.4.1 隧道坐标对比

由第 6.2.1 节所述过程计算矿山法隧道不同里程的轴线坐标，为便于和实际工程的竣工数据作比较，本书基于工程案例二，每 10m 提取一个断面，分别计算断面轴线坐标的平面坐标和高程坐标,将扫描仪实测中心线点坐标与设计值坐标进行对比得到表 6-9 所示。

扫描仪实测中心线点坐标与设计值坐标对比表 表 6-9

断面	里程(m)	设计值			实测值(扫描仪)			差值		
		X(m)	Y(m)	Z(m)	X(m)	Y(m)	Z(m)	ΔX(mm)	ΔY(mm)	ΔZ(mm)
1	440.021	***736.654	***864.087	21.159	***736.664	***864.097	21.12	10	10	−39
2	450.135	***730.167	***871.848	21.120	***730.162	***871.843	21.16	−5	−5	40
3	460.178	***723.727	***879.553	21.099	***723.714	***879.541	21.053	−13	−12	−46
4	469.860	***717.517	***886.982	21.071	***717.509	***886.978	21.076	−8	−4	5
5	480.176	***710.901	***894.897	21.054	***710.904	***894.906	21.012	3	9	−42
6	489.908	***704.660	***902.364	20.035	***704.684	***902.385	20.961	24	21	74

将扫描仪实测断面中心点坐标与实际工程竣工数据(全站仪实测值)作比较,结果如表 6-10 所示。

全站仪和扫描仪实测中心线点坐标对比表 表 6-10

断面	里程(m)	实测值(全站仪)			实测值(扫描仪)			差值		
		X(m)	Y(m)	Z(m)	X(m)	Y(m)	Z(m)	ΔX(mm)	ΔY(mm)	ΔZ(mm)
1	440.021	***736.667	***864.098	21.115	***736.664	***864.097	21.12	3	1	−5
2	450.135	***730.165	***871.846	21.10	***730.162	***871.843	21.16	3	3	−6
3	460.178	***723.718	***879.546	21.056	***723.714	***879.541	21.053	4	5	3
4	469.860	***717.506	***886.973	21.072	***717.509	***886.978	21.076	−3	−5	−4
5	480.176	***710.907	***894.902	21.016	***710.904	***894.906	21.012	3	−4	4
6	489.908	***704.681	***902.381	20.967	***704.684	***902.385	20.961	−3	−4	6

将全站仪实测值作为似真值,对扫描仪实测值进行精度评定,首先计算 X、Y 与 Z 的差值,得到坐标的真误差(如表 6-10 所示),然后根据中误差公式计算扫描仪实测值的点位精度。

由以上过程计算得到的点位精度统计见表 6-11。

中心点坐标精度统计表(单位:mm) 表 6-11

中误差	σ_x	σ_y	σ_z	σ_p
误差大小	3.19	3.92	4.79	6.58

从表 6-10 和表 6-11 可知:在矿山法隧道中,全站仪实测中心线点坐标与扫描仪实测中心线点坐标在 X、Y 及 Z 方向上差值绝对值都在 7mm 以内;扫描仪实测值在 X 与 Y 方向上的中误差为 ±3.19 mm 和 ±3.92 mm,Z 方向上的中误差相对较大,为 ±4.79 mm,空间点位的中误差为 ±6.58 mm,即扫描仪实测值的点位精度能够达到 ±6.58mm。结果表明:三维激光扫描技术能够运用到较为复杂的隧道断面测量中、能够测出断面中心

6 隧道断面关键信息挖掘

线点的坐标,并且与高精度全站仪测量计算结果相比较,中心点坐标能够达到±6.58mm 的精度。在盾构隧道断面中心点计算过程中,可以运用空间几何的特征来确定盾构隧道断面中心点的坐标,但在复杂断面条件下,可以通过精度较低的重心法来确定马蹄形等隧道断面中心的坐标,这种方法计算的结果相对盾构隧道的计算结果精度较低,但与隧道竣工规范要求的 100mm 的规范值相比较小,因此也可以运用到复杂断面形式的隧道断面测量中。

根据式(6-2) 和式(6-3) 计算矿山法隧道的 6 个断面,已知设计断面总高度为 5330mm,总宽度为 5100mm,计算上文得到的 6 个断面图 Δh 和 Δb 如表 6-12 所示。

马蹄形设计断面与实测断面对比表　　表 6-12

断面	里程(m)	$h_{测}$(mm)	$b_{测}$(mm)	Δh(mm)	Δb(mm)
1	440.021	5312	5111	18	−11
2	450.135	5334	5149	−4	−49
3	460.178	5358	5146	−28	−46
4	469.86	5323	5136	7	−36
5	480.176	5342	5131	−12	−31
6	489.908	5319	5146	11	−46

通过表 6-12 可以得出:断面的设计高度和宽度值与实测值的误差都在 5cm 以内,设计断面和实测断面比较吻合。将实测断面的轨道面与宽度方向中线的交点作为基点,与设计断面叠加进行分析,即让设计断面的 O 点与实测断面的 O' 点重合,进行断面的径向分析,如图 6-19 所示。

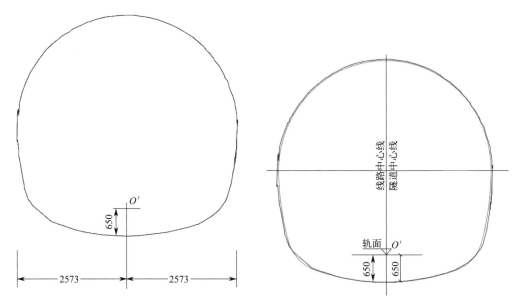

图 6-19 马蹄形断面叠加图

通过叠加分析可以看出,断面的实测轮廓与设计断面几乎一致,差别在设计断面的轮廓比实测断面的稍大一些,由于矿山法隧道的形状不规则,在隧道开挖过程中,难免会出现误差，这种误差是在施工允许范围内的。

6.4.2 隧道超欠挖分析

隧道超欠挖分析是隧道施工期间实际隧道和设计隧道之间差值的分析方式之一，由于本试验段隧道扫描期间正是竣工期间，因此不能够做施工期的超欠挖分析，本书只能以竣工期的测量数据为基础，对施工期的超欠挖分析方法的原理进行介绍。通过设计断面与实测断面的叠加分析可得到隧道不同断面的超挖和欠挖区域，计算上文提取断面的两个超欠挖分布图如图6-20所示。

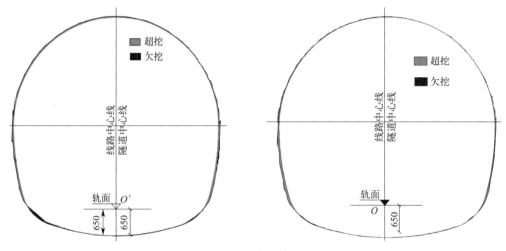

图6-20 超欠挖分布图

根据式(6-5)和式(6-6)计算提取的六个断面之间的超欠挖土（石）方量，已知该断面的设计轮廓面积为22.6028m²，经计算得到该区段两断面之间的超欠挖量，如表6-13所示。

断面间超欠挖统计表　　　　　　　　　　　　　　　　表6-13

断面	里程	$S(m^2)$	$\Delta L(m)$	$V(m^3)$
1	440.021	22.6832		
2	450.135	22.8345	10.114	1.57829
3	460.178	22.8942	10.043	2.626747
4	469.86	22.8971	9.682	2.835374
5	480.176	22.8654	10.316	2.87249
6	489.908	22.8497	9.732	2.479227

6.5 小结

（1）针对盾构隧道断面形状的特殊性，基于空间圆形拟合得到断面中心点和断面半径的方法，用于与盾构隧道的轴线设计值和半径进行比较；提出在二维平面下断面点云数据与设计断面直接对比的方法，能更加准确、真实、直观地显示断面对比情况。

（2）针对盾构隧道存在环间错台和环内错台两种类型，利用点云数据提取两种类型的错台量进行了详细分析，并对错台量的提取过程做了步骤说明。

（3）利用重心法提取了矿山法隧道的断面中心坐标，通过提取二维断面图与设计断面图进行对比分析，验证断面的吻合程度；并且利用断面所围成的面积和设计断面的面积比较确定超欠挖情况，通过两个断面的里程和面积大小确定两个断面间的实际超欠挖土（石）方量。

7 盾构隧道渗漏水快速检测方法

盾构法施工技术对地面交通和建筑物的影响小，施工速度快，施工安全性高，已成为地铁隧道施工的主要工法。由于盾构法隧道采用管片拼装方式，使其具有独特的多缝多孔的结构形式，这些接缝和孔洞成了盾构隧道防水的薄弱环节。盾构隧道发生渗漏水时，在地下水作用下其程度会快速扩展，导致隧道结构的损害，甚至威胁隧道的正常运营。

目前检测隧道渗漏水的方法主要是人工巡检，通过肉眼判断隧道是否存在渗漏水，现有检测方法精度低、效率低、极易漏检。已有不少学者对隧道渗漏水检测进行了研究：根据混凝土渗水区域温度与导电性的变化长期检测地铁隧道渗漏水[1]；利用地质雷达与水质检测确定了隧道结构背后渗漏水分布与成因，为渗漏水检测与处置提供参考[2,3]；利用红外热像法进行了隧道渗漏水的检测，根据渗漏水区与干燥区域的温度差，在红外热像中识别渗漏水区域并计算其面积[4-7]。但这些方法检测渗漏水的位置和面积时，精度欠佳。

三维激光扫描技术是测绘领域出现的新技术，其利用激光测距的原理记录物体表面密集的点的三维坐标、反射率和纹理等信息。有部分学者利用移动式三维激光扫描仪自动生成的图像来识别渗漏水[8-12]。但移动式激光扫描系统价格昂贵，对未铺轨的施工或者竣工盾构隧道无法进行渗漏水检测。

因此，本书利用架站式扫描仪采集竣工隧道衬砌表面图像，结合图像处理方法实现了渗漏水的自动识别。

7.1 竣工盾构隧道灰度图的生成

理论上，由于水对近红外光线的吸收系数较高，渗漏水区域的强度值低于背景[13]，因此反射强度信息可用于渗漏水检测和定量分析。为了更直观地表示隧道表面的实际情况，需要利用反射强度信息生成灰度图，主要包括3个步骤：反射强度信息修正、点云展开、图像生成。

7.1.1 反射强度信息修正

三维激光扫描仪记录的原始反射强度值受多个变量的影响，其中入射角和距离起着关键作用[14]。激光反射强度值模型[15]为

$$I = F_1(\rho) F_2(\cos\theta) F_3(D) \tag{7-1}$$

式中，F_1为目标反射率ρ的函数；F_2为激光入射角θ的函数；F_3为测点距离D的函数。

利用架站式激光扫描仪扫描隧道时，为了减少点云测距误差，一般将扫描仪架设在隧

道中心的位置，入射角 θ 与测点距离 D 的关系见式(7-2)。

$$\cos\theta = \frac{R}{D} \tag{7-2}$$

激光反射强度值模型为：

$$I = F_1(\rho)F_2(\cos\theta)F_3(D) = F_1(\rho)F_2\left(\frac{R}{D}\right)F_3(D) = F_1(\rho)G(D) \tag{7-3}$$

式中，$G(D)$ 为反射强度值距离修正多项式。

通过式(7-3)可见，影响竣工隧道激光点云强度值的主要因素是物体表面反射率 ρ 和测点距离 D。测点距离对反射强度值的影响函数 $G(D)$ 可以表达拟合多项式的形式：

$$G(D) = \sum_{i=1}^{N} \alpha_i D^i \tag{7-4}$$

式中，α 为拟合多项式的系数。

考虑距离影响修正的强度值只受物体表面反射率影响，通过修正后反射强度值 I_S 可以更准确地展现隧道表面真实情况。

$$I_S = F_1(\rho) = \frac{I}{G(D)} \tag{7-5}$$

7.1.2 点云展开

因隧道灰度图像是二维平面，而扫描仪采集获取的是三维点云数据；因此，需要通过点云展开，将三维点云转换成二维点云，进而利用反射强度信息生成二维平面的灰度图像。本节研究的是圆形盾构隧道，故采用圆柱投影法对竣工隧道点云进行展开，具体方法如下：

（1）隧道点云转正：利用隧道空间姿态信息将隧道点云进行转正，转正后隧道中轴线与 X 轴平行。

（2）点云展开：以隧道的中轴线为圆柱体的中心，将隧道点云进行圆柱投影，投影后以隧道底部为基准展开圆柱体。

7.1.3 栅格化

展开后的二维点云并不能直接转换成图像，需要根据扫描分辨率确定图像分辨率（像素大小 a），以像素大小为步长进行二维点云的划分（即栅格化）；每个栅格对应图像的一个像素，栅格的划分顺序对应图像数据的行与列，将栅格内点的反射强度平均值作为图像数据的灰度值，进而实现隧道表面灰度图像的转换，如图 7-1 所示。

点云栅格化矩阵 T 为：

$$T_{ij} = \frac{\sum_{k=1}^{n} I_k}{n} \tag{7-6}$$

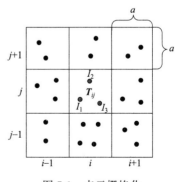

图 7-1 点云栅格化

7.2 识别与统计

7.2.1 图像二值化

与普通隧道衬砌表面相比，渗漏水区域激光强度值偏低，相应的灰度图像像素值也偏低。针对竣工盾构隧道灰度图像，为了提取渗漏水区，需要对图像进行二值化处理。本节利用图像二值化最常用的阈值法，该方法先以合适的灰度值选取为二值化阈值 t，将像素值 B 以阈值分为两级（0 或 1），如式(7-7)所示。

$$B_{ij} = \begin{cases} 1 & (T_{ij} \geqslant t) \\ 0 & (T_{ij} < t) \end{cases} \quad (7\text{-}7)$$

二值化阈值 t 的选择是图像二值化处理的关键。阈值过大，会丢失实际的渗漏水区域；阈值过小，会导致产生非渗漏水区域的噪点，直接影响渗漏水区域识别及面积计算结果。

7.2.2 图像去噪

二值化后的图像存在很多噪点，并且渗漏水区域的连通性较低，难以实现渗漏水区域的快速自动识别与统计。本节利用图像处理中的膨胀法与腐蚀法进行去噪，以提高渗水区域点云的连通性。

（1）图像腐蚀法与膨胀法

腐蚀法是使图像中的目标区域"收缩"的算法。这种方法是图像的"收缩"程度由结构元来控制，结构元是与图像进行卷积运算的大小为 $M \times N$ 的操作矩阵。图 7-2 描述了图像腐蚀的过程，结构元在整个图像区域平移，并与原始图像进行"收缩"的运算。

结构元　　　　　　目标图像及腐蚀法　　　　　　腐蚀法结果

图 7-2　腐蚀法运算示意图

膨胀法是使图像中的目标区域"变粗"的算法。该算法原理与腐蚀法相同，通过结构元控制图像"变粗"程度。图 7-3 描述了图像膨胀法的过程，结构元素在整个图像区域平移，并与原始图像进行"变粗"的运算。

（2）开闭运算

单独采用腐蚀法或膨胀法处理二值图像会出现几何失真，因此采用互相反运算的腐蚀

7 盾构隧道渗漏水快速检测方法

结构元　　　目标图像及膨胀法　　　膨胀法结果

图 7-3　膨胀法运算示意图

法与膨胀法实现二值图像的修正处理[16]。常用的膨胀和腐蚀运算组合有三种：开操作、闭操作、击中或击不中变换。本文采用了开闭运算处理隧道二值图像。

图像处理的开运算容易实现二值图的孤立噪点去噪，闭运算可提高目标区域的连通性，先闭运算后开运算获取的图像目标区具有良好的封闭性。但由于隧道强度信息二值图的渗漏水区和目标区像素值与一般图像相反，因此，本节采用先开运算、后闭运算的图像处理。

通过图 7-4 可见，经过膨胀法处理后，隧道二值图像的渗漏水区域连通性明显提高；经过腐蚀法处理后，图像中面积较小的噪点被删除；开闭运算后的二值图像效果较好。

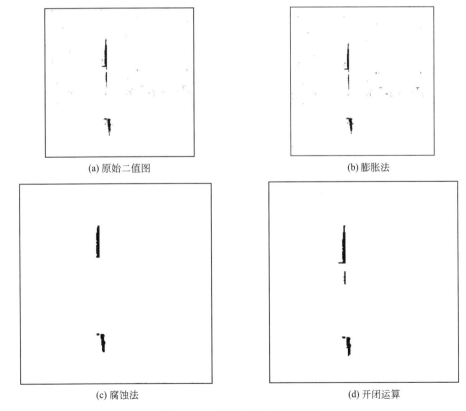

(a) 原始二值图　　　　　　　　　　(b) 膨胀法

(c) 腐蚀法　　　　　　　　　　(d) 开闭运算

图 7-4　二值图开闭运算示意图

7.2.3 渗漏水区域识别与统计

连通域指的是图像中具有相同像素值且位置相邻的前景像素点组成的图像区域。连通域算法作为常用的二值图图像分割及标注的方法，常见的算法有四连通区域算法与八连通域算法。本研究基于 MATLAB 平台利用八连通域算法获取图像中每个渗漏水（黑色像素）区域，并获取每个渗漏水图像的中心点及其像素数，如图 7-5 所示。图像矩阵的行对应隧道里程，通过渗漏水区域中心位置行号可以计算渗漏水发生的位置；根据像素的实际面积，可直接计算出每个渗漏水位置的实际渗漏水面积，如式(7-8)所示。

$$S = n \times a^2 \qquad (7-8)$$

式中，S 为渗漏水面积；n 为渗漏水区域像素数；a 为一个像素的实际大小。

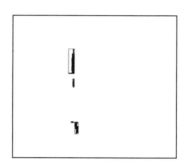

图 7-5 渗漏水识别

7.3 工程应用

7.3.1 试验场地概况

本试验依托工程案例一，该工程是线网中连接中心城区与新机场的轨道交通线路。试验段盾构段全长 120m，设计里程为左 K27+542.655～左 K27+667.568，隧道断面外径为 8.8m，内径为 7.9m。试验段盾构隧道未进行铺轨作业、未铺设其他设施，采用徕卡 Scanstation P40 扫描仪获取隧道点云数据。

7.3.2 隧道衬砌灰度图

为了计算竣工隧道中反射强度值与测点距离的多项式函数，本节选择试验段中没有噪点的测站数据，计算出每个测点到仪器中心点的距离，分析了距离与反射强度值的关系。结果发现：有效点云到扫描仪的距离 2～25m，反射强度值 0.167～0.545，测点与仪器中心点越远，反射强度值也越低（图 7-6）；拟合出强度值与距离多项式函数 $G(D)$，多项式的次数为 5 次，多项函数系数如表 7-1 所示；修正后的隧道衬砌点云的强度值大致相等（图 7-7）；最小强度值为 0.41，最大强度只为 0.53。

7 盾构隧道渗漏水快速检测方法

扫描仪反射强度修正多项式参数　　　　　　　　　表 7-1

参数	值	标准误差	t 值
α_0	0.46316	0.03572	0
α_1	0.5028	0.02065	0.01653
α_2	-0.01396	0.00408	8.83093E-4
α_3	0.00104	3.57389E-4	0.00439
α_4	-3.1519E-5	1.42205E-5	0.02871
α_5	-3.32077E-7	2.09895E-7	0.1165

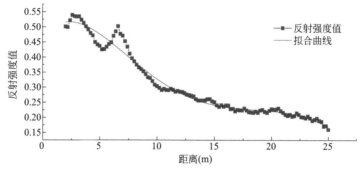

图 7-6　反射强度值与距离

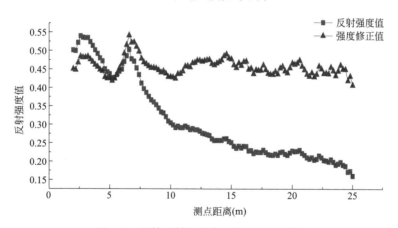

图 7-7　原始反射强度值与修正后强度值

根据反射强度值与距离关系,利用式(7-5)进行强度修正,结果如图 7-8 所示。

图 7-8(a) 是原始隧道反射强度直方图,强度值为 0.4～0.5 的点数最多,但此范围外强度值的点云数也较多;图 7-8(b) 是修正后隧道反射强度直方图,点云集中在 0.4～0.5 强度值范围;从图 7-8(c) 可见,强度修正后,强度 0.35 以下或 0.55 以上的点云数量明显下降,强度值 0.35～0.55 的点云数量明显增加。修正后的强度值与测点距离无关,只与物体表面反射率有关,可用于隧道渗漏水检测。

利用修正后的反射强度值按照第 7.1 节的方法生成隧道表面灰度图（图 7-9）。

图 7-9 中灰度图上部存在若干白色的区域,是因试验段隧道内存在照明线及固定架,点云预处理过程中将这些设施作为噪点进行去噪,故相应的位置不存在观测数据。另外,本研究采用架站式扫描仪,观测点与扫描仪存在一定的入射角,有些螺栓孔的内部信息无法采集,因此相应位置的图像也为白色。

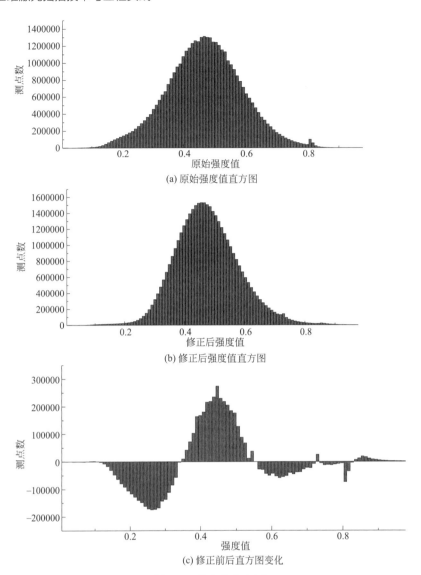

图 7-8　强度值直方图

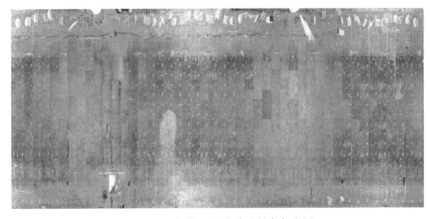

图 7-9　强度修正后隧道反射率灰度图

按照7.2.1节和7.2.2节的方法对修正后衬砌隧道反射率图像进行二值化、开闭运算等预处理，结果见图7-10。

图7-10　预处理后隧道灰度图

采用连通域算法识别每个渗水区域和计算其中心位置、范围与像素数（图7-11）。根据式(7-8)计算每个渗水区域的面积，根据图像起始位置里程与渗水区中心图像矩阵行号计算相应里程，计算结果如表7-2所示。利用本方法识别的第3处和第4处渗漏水区域实际是管线位置，不应为渗漏水区域（图7-12）。人工识别出25处渗漏水区域，但本方法检测到27处，存在两处错误识别，识别准确率达到92%。

图7-11　试验段隧道渗漏水识别

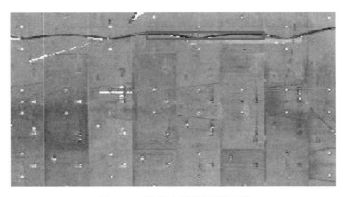

图7-12　渗漏水错误识别区域

《地下铁道工程施工质量验收标准》GB/T 50299—2018 规定：区间隧道及连接通道附属的结构防水等级应为二级，顶部不应有滴漏，其他部位不应有漏水，结构表面可有少量湿渍；任意 100m² 防水面积上的湿渍不超过 3 处，单个湿渍的最大面积不大于 0.2m²。试验隧道为地铁区间段，整个隧道段无漏水处，但存在若干湿渍。试验段竣工盾构隧道衬砌表面面积大约 3000m²，除了两处识别错误区域，共存在 25 处渗漏水区域，每 100m² 存在约一处湿渍。每个渗漏水处面积基本上小于 0.2m²，最大渗漏水面积为 0.2083m²，其中心点里程为 K27+577.44456m，最小渗漏水面积为 0.0531m²，其中心点里程为 K27+616.54344m。渗漏水检查结果表明，试验段隧道满足防水标准二级要求，符合成型盾构隧道竣工验收规范要求。

渗漏水检测表　　　　　　　　　　　　　　表 7-2

序号	里程(m)	面积(m²)	序号	里程(m)	面积(m²)
1	K27+566.92026	0.0801	15	K27+576.51644	0.0639
2	K27+567.06192	0.1755	16	K27+576.53005	0.1062
3	K27+568.39371	0.0657	17	K27+577.44456	0.2083
4	K27+568.27955	0.0846	18	K27+577.07765	0.1674
5	K27+570.61539	0.1008	19	K27+577.38641	0.0459
6	K27+573.41498	0.0981	20	K27+578.16758	0.0774
7	K27+573.79311	0.0972	21	K27+597.43524	0.2457
8	K27+574.1922	0.0675	22	K27+603.73384	0.1026
9	K27+575.0130	0.1080	23	K27+616.54344	0.0531
10	K27+575.0031	0.0532	24	K27+627.72651	0.1287
11	K27+575.26981	0.0576	25	K27+627.90586	0.2061
12	K27+575.8532	0.1917	26	K27+648.58493	0.1305
13	K27+576.15616	0.2043	27	K27+648.69716	0.1098
14	K27+576.58013	0.2043			

7.4　小结

本章以北京某地铁盾构隧道为研究对象，基于三维激光扫描技术开展了盾构隧道渗漏水自动识别的研究。

经研究发现：架站式扫描仪隧道点云强度值受物体反射率和测距大小的制约。通过分析试验段的隧道反射强度值，计算该隧道距离与反射强度多项式函数，进而修正隧道衬砌表面的强度、生成了反射率灰度图。采用图像处理的二值化、腐蚀法与膨胀法对灰度图中渗漏水区域去噪，利用连通域原理实现了渗漏水区域的识别与面积计算，其检测率达到 92%。

本书方法对于渗漏水发生处识别准确率较高，但并没有评价渗漏水面积计算的精度。

将人工智能算法引入隧道渗漏水分类、分级的工作中，是很好的研究方向。

参考文献

[1] 程姝菲，黄宏伟. 盾构隧道长期渗漏水检测新方法[J]. 地下空间与工程学报，2014，10（3）：733-738.

[2] 雪彦鹏，何杰，高斌，等. 运营期隧道渗漏水病害无损检测及处治措施研究[J]. 重庆建筑，2017，16（10）：33-37.

[3] 许献磊，马正，李俊鹏，等. 地铁隧道管片背后脱空及渗水病害检测方法[J]. 铁道建筑，2019（7）：1-7.

[4] 吴杭彬，于鹏飞，刘春，等. 基于红外热成像的地铁隧道渗漏水提取[J]. 工程勘察，2019，47（2）：44-49，61.

[5] 王烽人. 隧道渗漏红外特征识别与提取技术研究[D]. 武汉：华中科技大学，2018.

[6] 顾天雄，朱福龙，程国开，等. 隧道衬砌渗漏水红外特征模拟试验及图像处理[J]. 武汉工程大学学报，2017，39（1）：96-102.

[7] 豆海涛，黄宏伟，薛亚东. 隧道衬砌渗漏水红外辐射特征影响因素试验研究[J]. 岩石力学与工程学报，2011，30（12）：2426-2434.

[8] HUANG H W, LI, et al. Deep learning based image recognition for crack and leakage defects of metro shield tunnel [J]. Tunnelling & Underground Space Technology, 2018, 77: 166-176.

[9] ZHAO S, ZHANG D M, HUANG H W. Deep Learning based Image Instance Segmentation for Moisture Marks of Shield Tunnel Lining [J]. Tunnelling and Underground Space Technology, 2020, 95: 103156.

[10] REN Y P, HUANG J S, HONG Z Y, et al. Image-based concrete crack detection in tunnels using deep fully convolutional networks [J]. Construction and Building Materials, 2020, 234: 117367.

[11] XIONG L J, ZHANG D L, ZHANG Y. Water leakage image recognition of shield tunnel via learning deep feature representation [J]. Journal of Visual Communication and Image Representation, 2020, 71: 102708.

[12] 高新闻，简明，李帅青. 基于FCN与视场柱面投影的隧道渗漏水面积检测[J]. 计算机测量与控制，2019，27（8）：44-48.

[13] KAASALAINEN S, VAIN A, KROOKS A, et al. Topographic and Distance Effects in Laser Scanner Intensity Correction [C] //International Archives of Photogrammetry, Remote Sensing and Spatial Information Science. Paris, France, 2009, 38: 219-223.

[14] Tan K, Cheng X. Correction of Incidence Angle and Distance Effects on TLS Intensity Data Based on Reference Targets [J]. Remote Sensing, 2016, 8: 251.

[15] Tan K, Cheng X. Intensity data correction based on incidence angle and distance for terrestrial laser scanner [J]. Journal of Applied Remote Sensing, 2015, 9（1）：094094.

[16] 彭斌，祝志恒，阳军生，等. 基于全景展开图像的隧道衬砌渗漏水数字化识别方法研究[J]. 现代隧道技术，2019，56（3）：31-37，44.

8 隧道变形监测的应用研究

地铁隧道的变形监测主要包括施工期和运营期两个不同时间段的变形,即施工或运营期间的隧道结构变形以及施工期支护结构变形或运营期间轨道、道床的变形[1]。

目前在地铁隧道工程变形监测中,水准仪、全站仪、GNSS、收敛计、光纤维监测仪、测量机器人等常规仪器虽然可以提供较为精确的数据,但是这些方法有很多缺点至今无法克服,比如监测数据的单点性、效率低、费用高、光线影响大。将三维激光扫描技术应用在隧道变形监测方面,可以克服传统监测手段的一些缺点,在光线条件不好甚至无光的条件下都可以高效高质量地获取隧道点云数据,通过对点云数据进行处理,最终实现任意隧道断面任意位置的变形监测。此方法省时、省力、省钱,并且监测精度有保证,在隧道变形监测方面发挥越来越重要的作用。

8.1 基于 MDP 算法断面的变形监测

8.1.1 基于 MDP 算法断面的变形计算

图 8-1 显示了同一断面点云两阶段的数据。尽管这两期点云数据属于同一隧道断面,但它们之间没有明确的对应点。为了找出参考点云和变形点云之间同名点的对应关系,采用了一种最小距离投影(MDP)的算法。首先选择变形点云上的一点 k,在参考点云中选择距离 k 距离最小的点和距离 k 点距离第二小的点,变形点的对应点是在 xoz 上的投影点,如图 8-2 所示。投影点可以通过以下式计算。

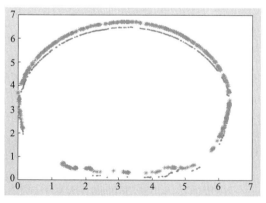

图 8-1 两期点云数据比较图

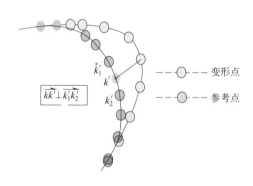

图 8-2 断面变形检测的 MDP 算法图

$$x_{k'}=x_{k'_1}+\frac{(x_k-x_{k'_1})(x_{k'_1}-x_{k'_2})+(z_k-z_{k'_1})(z_{k'_1}-z_{k'_2})}{(x_{k'_1}-x_{k'_2})^2-(z_{k'_1}-z_{k'_2})^2}(x_{k'_1}-x_{k'_2}) \quad (8\text{-}1)$$

$$z_{k'}=z_{k'_1}+\frac{(x_k-x_{k'_1})(x_{k'_1}-x_{k'_2})+(z_k-z_{k'_1})(z_{k'_1}-z_{k'_2})}{(x_{k'_1}-x_{k'_2})^2-(z_{k'_1}-z_{k'_2})^2}(z_{k'_1}-z_{k'_2}) \quad (8\text{-}2)$$

投影点 k' 代表变形点 k 在参考剖面上的一个对应点，最小投影距离可以表示为：

$$|\overrightarrow{kk'}|=\sqrt{(x_{k'}-x_k)^2+(z_{k'}-z_k)^2} \quad (8\text{-}3)$$

计算出断面每一点的对应点并求出变形量，就可以知道整个断面的变形情况。需要注意的是对应点是由插值计算出的，作为参考点云如果噪声点过多，误差就会较大，所以不必以早期为参照点云，后者为变形点云，为使 MDP 算法产生的噪声最小化，可以将同一断面的两期数据点云中质量较好的点作为参考点云。

8.1.2 变形噪点信号的删除

众所周知，包括激光扫描技术在内的所有测量技术都有测量噪声，这些噪声可能会引入错误的变形信号，难以区分。基于 MDP 算法处理点云数据时同样也会存在这个问题。Han[2] 提出 MDP 变形信号的准确性与缓冲区域和参考点云的选择有关。当缓冲区大小减小时，可能会产生较大的假信号，因为当使用较小的缓冲区时，提取的断面上的点云十分稀疏，尤其是当缓冲区小于点分辨率时，提取的隧道断面轮廓上的点云是远远不够的，在这种情况下原始点分辨率没有充分利用，因此将引入更大的噪声。换句话说，在变形信号中为了能充分利用原始的采集点云的质量，必须设置较为理想的缓冲区大小（本书中前面已经解释最佳面缓冲区厚度）。当在不同的时间段获得两期点云数据时，我们往往习惯将前期数据作为参考点云，后期数据作为变形点云，这是不科学的，估计的变形信号的准确性将是高度依赖于参考数据集的分辨率，为此在进行不同时期隧道断面的变形监测时，需要将分辨率较高的监测数据作为参考点云。

基于最理想缓冲区域和较高分辨率作为参考点云的情况下，本节基于 MDP 算法提出一种误差估计方案，用于去除噪声，识别真正的变形信号。MikhailandAckerman 于 1976 年提出了一个用于误差分析的协方差函数[3]，公式如下：

$$\sigma^2_{\text{MDP}_k}=\boldsymbol{J}\sum{}_{XX}\boldsymbol{J}^{\text{T}} \quad (8\text{-}4)$$

其中 σ_{MDP_k} 表示点 k 处的 MDP 标准差，$\sum_{xx}$ 为点（$\overrightarrow{x_{k'}}$，$\overrightarrow{x_{k'_1}}$，$\overrightarrow{x_{k'_2}}$）方差-协方差矩阵，用它估计 MDP 信号，可表示为：

$$\sum{}_{xx}=\begin{bmatrix}\sum_{\overrightarrow{x_{k'}}} & 0 & 0 \\ 0 & \sum_{\overrightarrow{x_{k'_1}}} & 0 \\ 0 & 0 & \sum_{\overrightarrow{x_{k'_2}}} \\ 0 & 0 & 0\end{bmatrix} \quad (8\text{-}5)$$

$\boldsymbol{J}$ 是（$\overrightarrow{x_{k'}}$，$\overrightarrow{x_{k'_1}}$，$\overrightarrow{x_{k'_2}}$）的全微分雅阁比矩阵。可以通过三维激光扫描仪的距离分辨率和角分辨率确定相关的方差-协方差矩阵，目前所有的扫描仪设备都会提供标准的数据信息。点 k 的方差-协方差矩阵可以表示为：

$$\Sigma_{\vec{x}_k} = \boldsymbol{J}_x \begin{bmatrix} \sigma_\rho^2 & 0 & 0 \\ 0 & \sigma_v^2 & 0 \\ 0 & 0 & \sigma_h^2 \end{bmatrix} \boldsymbol{J}_x^{\mathrm{T}} \tag{8-6}$$

其中：

$$\boldsymbol{J}_x = \frac{\partial \{x_k, y_k, z_k\}}{\partial \{\rho, v, h\}} \begin{bmatrix} \cos(v)\cos(h) & -\rho\sin(v)\cos(h) & -\rho\cos(v)\sin(h) \\ \cos(v)\sin(h) & -\rho\sin(v)\sin(h) & \rho\cos(v)\cos(h) \\ \sin(v) & \rho\cos(v) & 0 \end{bmatrix} \tag{8-7}$$

式中，ρ 表示距离；h 表示垂直角；v 表示水平角；σ_ρ、σ_v、和 σ_h 表示点 k 的标准偏差，ρ、h、v 可以由以下公式计算得到。

$$\rho = \sqrt{x_k^2 + y_k^2 + z_k^2}, v = \tan^{-1}\left(\frac{z_k}{\sqrt{x_k^2 + y_k^2}}\right), h = \tan^{-1}\left(\frac{x_k}{y_k}\right) \tag{8-8}$$

将式(8-6) 和式(8-8) 带入式(8-5) 推导出点 k 的方差-协方差矩阵，同理求得 k'_1、k'_2 点方差-协方差矩阵。

对于某些三维激光扫描仪，可以估计 MDP 距离计算误差（MDP 标准偏差），并将其配置为置信区间，假定根据某个统计分布没有失真，则

$$-z \cdot \sigma_{\mathrm{MDP}_k} \leqslant \mathrm{MDP} \leqslant z \cdot \sigma_{\mathrm{MDP}_k} \tag{8-9}$$

式(8-9) 为 MDP 距离的置信区间，并且服从正态分布（$z=1.96$ 显著水平为 95%），那么 MDP 计算出的变形量若在此区间内，则认为是隧道的真实变形量，否则被认为波动引起的测量噪声，其变形忽略不计。

8.2 点云数据处理软件对曲线隧道建模进行变形分析

采用 Geomagic 和 Cloudcompare 点云数据信息处理软件进行曲线隧道建模并进行变形分析，下面将详细介绍。

8.2.1 Geomagic Quality 隧道建模处理软件

Geomagic Quality 是 Geomagic 公司的拳头产品，是一款专业的逆向工程软件，可以根据对被测物体的扫描所获取的点云数据生成三维立体模型[6]。该软件可以对点云进行预处理、建立模型继而计算整体变形等。利用 Geomagic Quality 建立模型时对点云的完整性要求较高，它是以点云为基础构建三角网模型和多边形网模型，建模的工程分为三个过程：①点云修复；②分块建模；③变形分析[7]。下面详细介绍这三个过程。

（1）点云修复。因为在扫描的过程中，由于物体的遮挡，采集的点云数据会有一小部分出现缺失，处理的时候只需要采取镜像的方法进行修复即可。如果获取的点云数据缺失较为严重，可以采取局部点云镜像，也可以借助另外一台扫描仪同时进行数据采集，这样就可以有效地弥补缺失的数据。

（2）分块建模。为了降低整体建模难度，将一个整体模型划分成若干个小块后分别建模即为分块建模，需注意的是必须保证相邻块之间一定的重叠度和各块的完整性。比如具有狭长结构的隧道，首先对整体点云进行分割，分割时要保证各相邻小块点云之间有一定重叠部分，分别对各小块的点云构建模型，最后再将建好的各部分模型通过公共部分并在一起。这种方法极大地提高了数据处理速度。

（3）变形分析。将两期隧道点云导入，首先对两期点云进行建模，之后通过隧道共同的特征将两期点云完全重合在一起，接着通过对模型进行 2D 或 3D 变形分析，通过 2D 分析功能可以计算出任意隧道断面的变形量，通过 3D 分析功能可以计算出隧道任意点三维变形量，但是此款软件变形量的计算精度主要依赖建模的精度，人为因素居多。

8.2.2 CloudCompare 隧道建模处理软件

CloudCompare 是一款开源而且完全免费点云处理软件，因此非常受欢迎。它不仅具有通用的功能而且还具有先进的点云处理算法。CloudCompare 是一个基于三角网格的三维点云处理软件[8]。它不需建模，可直接比较两期点云数据从而分析整体的形变量。它的处理算法基于八叉树结构，能够快速准确地比较大量的点云数据，八叉树解析原理如图 8-3 所示。

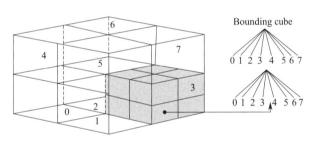

图 8-3 八叉树解析原理图

八叉树数据结构可以看成是二维栅格数据中的四叉树在三维空间的推广[9]。将该结构按照 X、Y、Z 三个方向从中心进行分割，每一次都等分成八个立方体，一直按照这种方式继续分，直到每个立方体内最多只有一个目标体，或是自定义立方体的大小。它是存在于一个重复递归且有规律细分的三维空间中的树状数据结构，立方体边界框包围的点集元素全部分担给 8 个相同的子立方体，依据空间分割理论，依次重复递归每一个小立方体，直到依据该算法最终完成点云信息数据的差分比较为止[10]。基于八叉树数据结构可以更有效地组织和管理点云，这种处理点云的方法不仅可以提高计算效率，还大大地节省存储空间。对同一个空间内的任意两个点集，$X = \{x_1, x_2, \cdots, x_m\}$，$Y = \{y_1, y_2, \cdots, y_n\}$，$X$ 和 Y 两个点集之间的 Hausdorff 距离定义为：

$$H(X,Y) = \max(h(X,Y), h(Y,X)) \tag{8-10}$$

式中：

$$h(X,Y) = \max \min \|x - y\| \tag{8-11}$$

$$h(Y,X) = \max \min \|y - x\| \tag{8-12}$$

式中，$h(X,Y)$、$h(Y,X)$ 代表 Hausdorff 距离；$\|\cdot\|$ 表示矢量平均值；经过计算得到 X 集合中的点 $x(x\in X)$ 离 Y 集合中最近的点的距离的一组值，Hausdorff 距离就是这组值中的最大值，通常 $h(X,Y)$ 和 $h(Y,X)$ 不相同，两者中的较大值就是 Hausdorff 距离。因此，通过比较两个点集中的最大值衡量其对齐精度。

8.3 隧道变形监测分析

为了能更加全面地计算出隧道的变形量，本章基于案例三将从隧道断面二维变形分析和隧道整体三维变形分析两个方面分别进行详细的阐述。

8.3.1 曲线隧道的断面变形监测分析

为计算隧道的变形，需截取同一断面的不同时期的点云数据进行变形分析，如图 8-4 为同一断面不同时期的点云，采用最小距离投影（MDP）算法进行变形量的计算，变形比较时建立如图 8-5 所示的极坐标系，图 8-6 为断面的变形量，从图中可以看出断面任意角度的变形量，为验证此变形方法的监测精度，与全站仪测量的结果进行对比如表 8-1 所示，获得的曲线隧道变形检测结果接近于全站仪的变形测量结果，取得的效果令人满意。

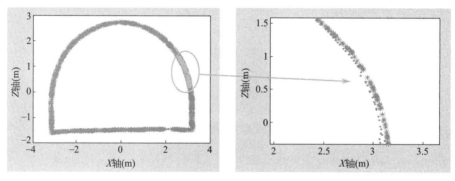

图 8-4 两期点云数据比较图

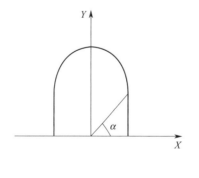

图 8-5 极坐标系图

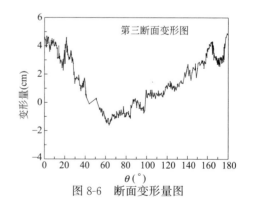

图 8-6 断面变形量图

三维激光扫描仪与全站仪变形数据对比结果表（mm） 表 8-1

仪器名称	角度(°)			
	50	75	90	115
全站仪	−14.3	−20.6	−26.4	−20.8
三维激光扫描仪	−15.1	−22.4	−27.6	−19.3
差值	0.8	1.8	1.2	1.5

在试验段曲线隧道上提取 8 个断面进行变形分析。各断面的变形量如图 8-7 所示，从图中可以看出 Z 轴变形量分布在 −20～40mm，由图 8-8 可以看出最大收缩量在隧道顶部范围，由于隧道为曲线隧道，所以最大收缩量并不在隧道正上方，而是从 60° 度逐渐变化到 110°，这也正好验证了曲线隧道偏向受压的特性。隧道的两侧拱脚向外扩张，但是左侧拱脚扩张量大于右侧拱脚的变形量说明左侧受到的压力小于右侧。

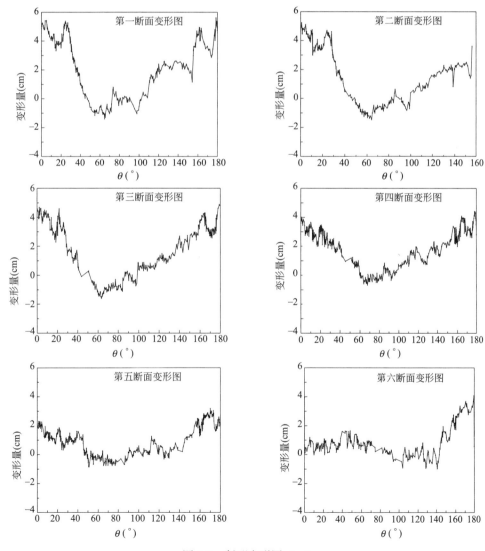

图 8-7 断面变形图（一）

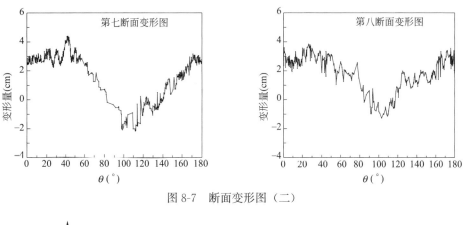

图 8-7 断面变形图（二）

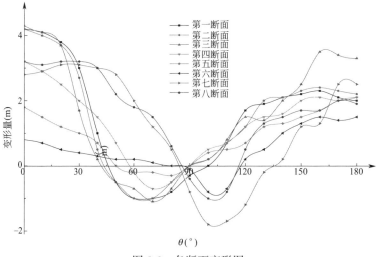

图 8-8 各断面变形图

由此表明三维激光扫描技术监测隧道，可以快速直接地测量出任意断面、任意角度的变形，本章所提出的方法可以更直观、更全面地分析隧道整体变形，实现了由点到面、由面到体的变形监测。

8.3.2 隧道的整体变形分析

利用 Geomagic Quality 和 CloudCompare 两款软件分别对隧道整体变形进行分析，对比两款软件的优缺点。

（1）Geomagic Quality 三维建模

①点云数据的预处理：对于扫描的点云需要进行预处理，主要包括去噪、采样、补点等操作，通过这些操作后，原始的点云得到了优化，为点云进行网格化做准备，图 8-9 是具体的操作流程。

图 8-9 点云数据预处理工作流程图

在隧道进行扫描的过程中会产生很多噪声点,例如:扫描仪会产生轻微的振动,行人经常走动或是隧道壁较为粗糙,由于这些原因都会产生噪声点,在数据处理阶段应该将这些删除。在 Geomagic Quality 中可以利用"减少噪声"功能将噪声点删除,以较好地表现出隧道的真实变形。图 8-10 为降噪前后的效果图。

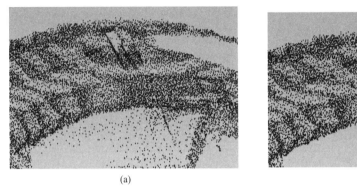
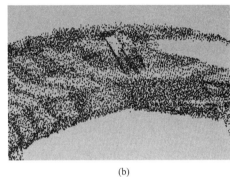

(a)　　　　　　　　　　　　　　　(b)

图 8-10　隧道局部降噪前后效果图

采集到的原始隧道点云数据量过于庞大,因此需要对原始点云进行重采样。在 Geomagic Quality 中有 4 种采样方法,分别为统一采样、曲率采样、栅格采样和随机采样[11]。统一采样是最常用的方法,这种方法可以均匀地减少点云密度,如图 8-11 所示就是采用此种方法后的效果图,本次试验也采用同一采样的方法对点云进行缩减。

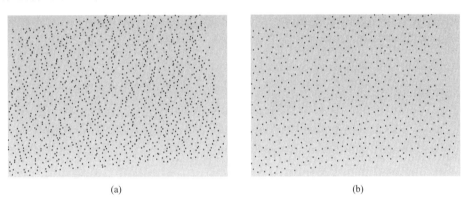

(a)　　　　　　　　　　　　　　　(b)

图 8-11　点云数据重采样对比图

隧道点云数据预处理的最后一个过程称为封装,完成封装后即为多边形模型。封装后的多边形模型,如图 8-12 所示。

图 8-12　封装后的隧道多边形模型

141

② 预处理完成以后，就是对生成的多边形进行处理，主要包括边界的处理和形状的处理。具体流程如图 8-13 所示。

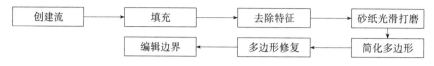

图 8-13 多边形阶段处理流程图

所谓创建流行就是删除已建模型中不流行的三角形。扫描过程中难免会有一些位置扫描不到，那么就会产生一些缺失数据，可以利用填充功能在缺失数据的区域里创建新的平面或曲面完成修补，由于此次扫描的隧道数据较为完整，就不再详细说明。在本次隧道点云数据处理过程中，特征去除功能尤为重要，可以利用此功能快速地删除隧道模型上的肿块和压痕，这个功能是先删除已经选中的图形，然后再通过曲率对这个空隙进行填充。去除特征完成以后接下来就是砂纸光滑打磨、多边形简化以及多边形修复等。隧道在完成多边形处理后，还需要进行建模的最后一步即进行 NURBS 曲面拟合，这一阶段可以称为 NURBS 曲面阶段。图 8-14 为此阶段的流程图。

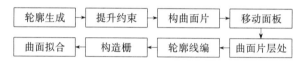

图 8-14 NURBS 曲面阶段流程图

③ 将隧道两期的点云数据通过 Geomagic Quality 软件建成的最终模型如图 8-15 所示，隧道的整体变形量比较直观、简洁地通过颜色条显示出来，由图可以看出：模型总体和原始点云数据之间的偏差很小，平均偏差为 2cm，最大偏差为 6cm，标准偏差为 0.18mm。之所以会出现 2.12mm 的最大偏差，因为在建模过程中采用多种处理方法。例如：特征去除和砂纸磨平等存在较大的人为主观性，操作的结果与实际变形存在较大偏差，这些因素不可避免地对模型精度造成影响，使得建成的模型与初始点云存在偏差。在 Geomagic Quality 软件中不仅可以直观地展现出隧道的整体变形，而且可以计算出任意特征点在 XYZ 轴方向上的误差值，数据处理成果如图 8-15 所示。

(2) CloudCompare-点云数据差分比较

①精确配准

ICP 算法是一种迭代最近点的算法，主要用最近点搜索方法实现此功能，不需建模，该方法是基于八叉树原理，把其中一期点云作为目标源点云，另一期作为对比点云。在目标源点云中选择一个点 p，然后在对比点云中找出对应于点 P 距离最近的 q 点，最终完成变形量的计算。将两期点云导入此软件，并将两期点云数据通过 ICP 算法精确配准，配准后的结果如图 8-16 所示。

②点云数据比较。

精确配准以后，利用 "Tools" → "Distances" → "Cloud/Cloud Dist"，通过 Hausdorff 距离法比较两期点云数据，最终的结果如图 8-17 所示。

表 8-2 为第一期点云和第二期点云获得的两期隧道变形值的平均距离和标准偏差。

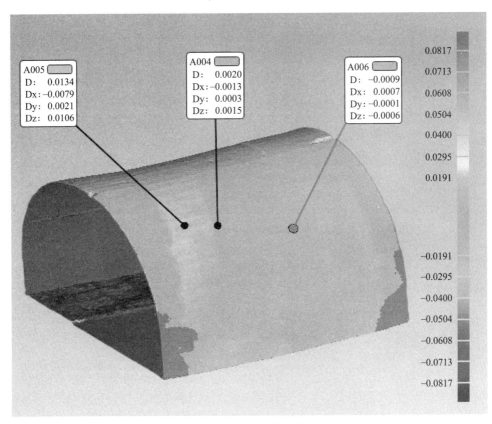

图 8-15　隧道三维变形图

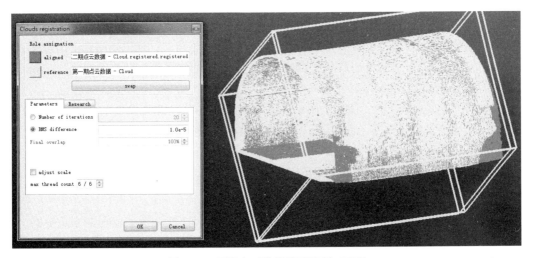

图 8-16　两期点云数据的配准图（ICP）

CloudCompare 中两期隧道变形值（mm）　　　　　　　　　　　表 8-2

对比量	最大距离	平均距离	标准偏差
第一期点云与第二期点云	0.416	0.015	0.037

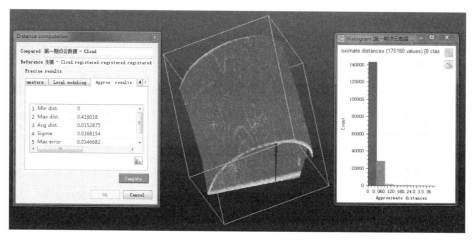

图 8-17　两期点云数据距离计算图

本章结合实际情况，建立了两期的隧道模型，在监测数据的基础上对隧道变形进行了深入分析，两款软件各有特点。

CloudCompare 软件的特点：(1) 此软件最大的两个优势是可以免费使用和源代码公开。(2) 对点云数据量有要求，如果数据量在百万级别以下时，读入、旋转、缩放等功能相对操作较为流畅，若点云数据超过百万级别，有时会出现延迟，影响计算效率。一旦达到千万级别，明显感觉软件读入相当困难，并且电脑反应严重迟钝。(3) 适合对点云进行简单的处理，建立隧道三维模型比较困难。(4) 计算出的变形是整体点云的位移，针对某一特征点无法计算变形。总体来说，CloudCompare 是一款适合小数据量点云的处理软件，当点云数据量较少时，此软件处理起来较为方便，它之所以受欢迎就在于它的免费性和开源性。

Geomagic Quality 软件的特点：(1) 此软件专业性较强，功能更加丰富，可以对点云数据进行三维建模等。(2) 计算隧道任意点的三维变形。(3) 数据处理功能更强大。(4) 更多类型的产品输出格式，如 STL，IGES，STEP，CAD 和其他格式，输出的格式可以直接适用于诸如 CAD，CAE，CAM 等工具。(5) 软件缺点为变形精度依赖于建立的模型精度，而模型精度的人为主观性较大，所以变形精度有待于研究。

总而言之，地面 LiDAR 技术应用于隧道变形监测具有很大的发展前景，在以后的发展过程中三维激光扫描技术不仅在隧道变形监测方面越来越重要，在各行各业都会占有一席之地。

8.3.3　与传统收敛监测方法的对比

为了研究三维激光扫描仪监测的相对精度，扫描时应选取隧道断面上数个关键的、固定的目标点作为研究对象，如图 8-18 所示，选取拱顶、拱肩和拱底的 5 个点作为目标点进行对比分析。传统监测手段是用全站仪在隧道断面上布设监测点，通过控制点测量出监测点的变形。三维激光扫描技术通过对点云数据进行处理，最终可以得到整个隧道任意点的三维变形量，将得到的变形量与用全站仪监测的同一特征点的变形量进行对比。本节选取 3 个断面作为研究对象，每个断面选取 5 个目标点，总共选择了 15 个目标点，表 8-3 显示了全站仪监测隧道三个断面的收敛数据，图 8-18 显示了变形量的对比图。

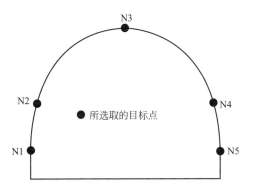

图 8-18 选取的目标点示意图

第一断面全站仪隧道变形收敛数据（m）　　　　　　　表 8-3

目标	2016 年监测值	2017 年监测值	相对变化值
Y1	161.2270	161.2581	0.0311
Y2	162.2432	162.2454	0.0022
Y3	164.1270	164.1229	−0.0041
Y4	162.2253	162.2476	0.0223
Y5	161.2124	161.2355	0.0231
Y6	161.3865	161.4226	0.0361
Y7	162.4177	162.4189	0.0012
Y8	164.3145	164.3134	−0.0011
Y9	162.3997	162.4160	0.0163
Y10	161.3715	161.3996	0.0281
Y11	161.6203	161.6544	0.0341
Y12	162.6625	162.6947	0.0322
Y13	164.5635	164.5584	−0.0051
Y14	162.6429	162.6396	−0.0033
Y15	161.6082	161.6243	0.0161

图 8-19 为使用两种监测方法得到的 15 个特征点的变形量，从图可知，使用全站仪监测得到的监测点的变形量图比用三维激光扫描仪得到的变形量图更为平滑。全站仪仅是对点的监测，由于光线不佳，监测的结果就会不准确，三维激光扫描仪监测得到的变形量是整个面的，所以测出的变形量变化较大，较能反映出监测点的变形状况。虽然两种监测方式不同，但是结果大同小异，都能比较好地反映监测点的变形情况。

8.3.4　精度评定

对隧道断面变形精度定量分析的标准有很多，针对选取的 15 个目标点通过两期监测的数据情况进行分析，研究三维激光扫描仪在监测隧道变形的精度。表 8-4 为衡量指标，将全站仪的监测数据作为隧道变形的似真值，将三维激光扫描仪测得数据与似真值进行比较，从而验证扫描仪的监测精度。

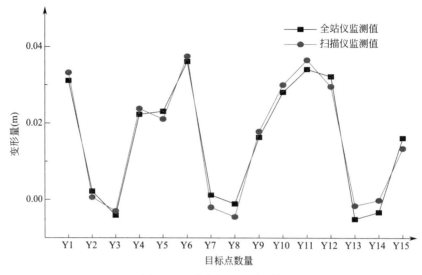

图 8-19 隧道变形监测比较

误差评价指标　　　　　　　　表 8-4

预测误差评价指标	简称	公式
平均绝对误差	MAD	$MAD = \frac{1}{n}\sum_{t=1}^{n}|y_t - \widetilde{y_t}|$
相对平均绝对误差	AARD	$AARD = \frac{1}{n}\sum_{t=1}^{n}\left|\frac{y_t - \widetilde{y_t}}{y_t}\right|$
预测误差的方差	S^2	$S^2 = \frac{1}{n}\sum_{t=1}^{n}(y_t - \widetilde{y_t})^2$
预测误差的标准差	S	$S = \sqrt{\frac{1}{n}\sum_{t=1}^{n}(y_t - \widetilde{y_t})^2}$

注：表中设 y_1，y_2……y_t 为全站仪测得的收敛值，y_1，y_2……y_t 为三维激光扫描仪监测值。

根据表中提出的误差衡量指标，可以计算出应用三维激光扫描仪监测误差值计算结果如表 8-5 所示。

误差评价表　　　　　　　　表 8-5

评价指标	MAD	AARD	S^2	S
误差	0.141	0.099	0.031	0.177

由表 8-5 可以看出，相比扫描仪来说，全站仪单点监测的精度略高，它是基于点的监测，较适合对特征点进行监测，因此在光线强、现场情况较好并且精度要求相对较高的情况下适合全站仪测量，三维激光扫描仪监测隧道断面变形量的精度虽然略低，但是它可以监测面的变形，并且效率较高，由于它是基于面的监测，监测的面积越大，点云数据就越详细，测得的精度就会越高。因一些客观条件存在，本试验收集到的数据同样受限，得出的结果可能不能客观地说明三维激光扫描仪的变形监测精度，随着扫描周期数增加，或是点云扫描密度增加，扫描仪的监测精度也会提高。所以该技术在监测隧道变形方面有很大

的发展潜力。

8.4 小结

本章结合湖北巴东某隧道进行了工程试验研究，首先针对此次试验，制订详细的扫描计划，间隔一年采集了两期隧道的点云数据，对采集到的原始点云数据首先进行预处理，基于 MDP 算法得出的变形图可以形象直观地表达出任意隧道断面上任意位置的形变量。再然后基于点云处理软件 Geomagic Quality 和 CloudCompare 研究隧道的三维变形，详细介绍 Geomagic Quality 建模过程，同时分析的两种软件的优缺点，Geomagic Quality 可以监测处隧道任意点的三维变形量，CloudCompare 软件通过变形平均距离和最大距离清楚地掌握整个隧道的变形量情况。最后将两种监测手段进行对比，并对三维激光技术应用变形的精度进行评定。三维激光扫描技术与传统变形监测相比有着无可比拟的优势，可以快速实现三维变形监测，为隧道工程健康诊断提供借鉴。

参考文献

［1］ 李双.基于三维激光扫描技术的隧道连续断面提取及变形分析［D］.西安：长安大学，2015.

［2］ HAN J Y, GUO J, JIANG Y S. Monitoring tunnel profile by means of multi-epoch dispersed 3-D LiDAR point clouds［J］. Tunnelling & Underground Space Technology，2013，33（1）：186-192.

［3］ Mikhail，EdwardM. Observations and least squares［M］. IEP，1976.

［4］ 高洁.兰州轨道交通富水砂卵石地层盾构施工地表沉降控制技术研究［D］.兰州：兰州交通大学.2018.

［5］ 王博群.基于三维激光扫描技术的地铁隧道断面提取及应用研究［D］.北京：北京工业大学，2019.

［6］ 托雷，康志忠，谢远成，等.利用三维点云数据的地铁隧道断面连续截取方法研究［J］.武汉大学学报（信息科学版），2013，38（2）：171-175.

［7］ 龚书林.三维激光点云处理软件的若干关键技术［J］.测绘通报，2014（6）：135-136.

［8］ 鹿利军，杜子涛.灰色系统理论在建筑物变形分析中的应用［J］.测绘与空间地理信息，2006，29（2）：95-97.

［9］ 兰孝奇，严红萍，刘精攀.灰色系统预测模型在沉降监测中的应用［J］.勘察科学技术，2006，1：55-57.

［10］ Y. Yu, A. Ferencz, J. Mailk. Extracting Objectsfrom Rangeand Radiance Images. IEEE Transactionson Visualization and Computer Graphics2001，7（4）：351-364.

［11］ 毕俊，冯琰，顾星晔，等.三维激光扫描技术在地铁隧道收敛变形监测中的应用研究［J］.测绘科学，2008，33（s2）：14-15.

9 总结与展望

9.1 总结

隧道工程施工复杂、竣工验收严格、运营环境恶劣，隧道结构变形、表观病害等监测、检测项目对作业速度、检测全面性提出越来越高的要求。近十年来，本书的编写团队主要依托北京市政建设集团有限责任公司的工程项目以及某试验隧道，基于地面三维激光扫描技术，从数据采集方案制定、数据预处理、断面提取方法研究、断面数据挖掘等方面开展了系统、深入地研究。

以地面三维激光扫描技术为支撑，分析研究了其在地铁隧道工程实践中的应用，通过理论分析并结合北京城市轨道交通新机场线某期工程盾构区间段、北京地铁 8 号线三期工程、北京地铁 16 号线某工程等实际工程开展了工程试验研究，形成了系统的隧道三维激光扫描技术工程实践应用关键技术体系。

（1）扫描方案制定

详细分析了影响地面三维激光扫描精度的因素——测站间距和扫描分辨率，得出具有一定曲线隧道的测站间距应比直线型隧道的测站间距小的结论；同时对本研究所用扫描仪的扫描参数进行了分析，制定适合徕卡 ScanStation P40 三维激光扫描仪的隧道扫描计划，为其他类型扫描仪扫描方案的制定提供了参考思路。

（2）数据预处理

详细介绍点云拼接原理，分析了影响隧道点云拼接精度的因素，从标靶类型、标靶数量及引入控制点等三个方面进行详细的说明，为后期解译提供支持；介绍了对拼接后点云处理的一些常用方法，包括点云中的去噪方法和简化过程；以不同方式进行数据预处理，获得结果显示拼接精度由高到低的拼接方式依次为：基于控制点拼接、基于球形标靶拼接、基于平面标靶拼接，并分析了基于控制点进行拼接精度最高的原因。

（3）隧道断面提取方法研究

本书主要开发了三种算法：①基于双向投影和改进的 RANSAC 算法，并提出点缓冲区和面缓冲区的概念，解决了曲线隧道断面难提取的问题；②运用基于点云法向量提取隧道不同里程空间姿态信息的方法，改进点云法向量方法，成功地提取了隧道不同里程的空间姿态信息；③基于空间切割理论提取盾构隧道断面信息，运用圆柱体与平面相交的空间关系，利用 Dandelin 双球确定椭圆的焦点并且使用切线长定理的空间推广提取断面，该方法可以充分利用海量点云数据，不需要对隧道点云数据进行抽稀，该方法简单、高效且对于计算机配置也没有任何要求，为指导隧道现场断面验收提供理论与实践基础。

（4）隧道断面拟合及相关参数分析

介绍了椭圆拟合常用的最小二乘法，研究了最小平方中值结合随机原理法并采用莱特准则进行优化，拟合出隧道断面。针对盾构隧道断面形状的特殊性，提出了一种运用空间圆形拟合得到断面中心点和断面半径的方法，运用空间圆形拟合的方法提取了盾构隧道断面中心点三维坐标。

(5) 隧道断面关键信息挖掘

对于盾构隧道，①断面对比分析：提出将设计断面中心坐标与实测断面中心坐标叠加，对比分析断面变形；②环间错台量分析：在二维断面上分析断面点云数据是否有突变处，根据点云数据的突变量来判断隧道同一环相邻管片的错台情况；③环间错台量分析：通过提取相邻两环轴向的断面点云数据，根据点云数据的突变量来判断隧道相邻两环管片的错台情况。对于马蹄形隧道，①断面对比分析：采用重心法计算马蹄形断面的中心点坐标；②超欠挖分析：在二维断面下将马蹄形实测断面数据与设计断面进行叠加分析，并利用每个断面实测面积和设计面积之差进行了里程间的超欠挖分析。

(6) 盾构隧道结构渗漏水病害识别

架站式三维激光扫描仪隧道点云强度值受物体反射率和测距大小的制约。通过试验段隧道反射强度值分析，计算了该隧道距离与反射强度多项式函数，进而修正隧道衬砌表面的强度，生成反射率灰度图。采用图像处理的二值化、腐蚀法与膨胀法对灰度图中渗漏水区域去噪，利用连通域原理实现了渗漏水区域的识别与面积计算，其检测率达到92%。

(7) 隧道变形监测的应用

结合某隧道数据开展工程试验研究，基于MDP算法得出的变形图可以形象直观地表达出任意隧道断面上任意位置的形变量。基于点云处理软件Geomagic Qualify和CloudCompare研究隧道的三维变形，详细介绍Geomagic Qualify建模过程，同时分析的两种软件的优缺点。基于点云数据开展隧道变形监测分析，为隧道工程健康诊断提供了借鉴。与传统监测手段进行对比，并对三维激光技术应用变形的精度进行评估。

9.2 进一步工作及展望

地铁工程投资巨大，建设工期长，作为百年工程、遗产工程，各个环节的质量要求都非常严格，正由"建设为主"向"建养并重"转变。隧道全线在运营期间需要长期、精确、周而复始地检测主体结构，为地铁安全运营保驾护航。地铁隧道运营总里程近万公里，占全球总里程的25%，而且每年还在增加，面对如此庞大里程的地铁隧道运营工作，现有检测手段很难全面满足日益增长的需求。

架站式三维激光扫描仪虽然能获取大量隧道结构点云数据，但隧道结构狭长，存在需要搬站、后期数据处理需要拼接、高比例重叠产生大量冗余数据、自动化程度低等不足，没有充分发挥三维激光扫描技术获得的海量点云数据的优势。

移动式三维激光扫描作为一种新兴的测量技术，目前尚处于起步阶段，未来开展移动式三维激光扫描系统在地铁隧道结构检测中关键技术问题的研究，为下一步轨道交通三维激光扫描检测业务的全面开展积累技术力量，从而提高城市运行效率和对灾害的处置能力，对于保护与合理开发城市地下空间资源具有重要意义。